T0128344

Mut in der Arbeitswelt durch ICH-KULTUR

Jutta Malzacher

Mut in der Arbeitswelt durch ICH-KULTUR

Wie Manager den erfolgreichen Umgang mit Ängsten lernen

Jutta Malzacher
ELANproject International Elegance
Heidelberg, Deutschland

ISBN 978-3-658-24808-6   ISBN 978-3-658-24809-3   (eBook)
https://doi.org/10.1007/978-3-658-24809-3

Die Deutsche Nationalbibliothek verzeichnet diese Publikation in der Deutschen Nationalbibliografie; detaillierte bibliografische Daten sind im Internet über http://dnb.d-nb.de abrufbar.

Springer ist ein Imprint der eingetragenen Gesellschaft Springer Fachmedien Wiesbaden GmbH und ist ein Teil von Springer Nature
Die Anschrift der Gesellschaft ist: Abraham-Lincoln-Str. 46, 65189 Wiesbaden, Germany

Für meine Kinder, Freunde und Kunden

Vorwort

Mut gehört dem Glücklichen

Sind Sie mutig? Trauen Sie sich Ungewöhnliches zu oder bleiben Sie beim Gewohnten? Hauptsache, Sie trauen sich. Mitarbeiterführung braucht Mut zur Positionierung, Mut für den Umgang mit Macht und Mächtigen, Mut für den Blick in den Spiegel, Mut für das Vorangehen, Mut zum Mitgehen und Mut zur Umkehr, Mut zur Geduld und Mut zum Durchhalten, Mut zum Verwerfen und Mut für den Neubeginn.

Sie haben diese Qualitäten? Wunderbar, dann dürfen Sie gespannt sein, was Sie über Ängste und Mut in diesem Buch erfahren. Dieses Buch möchte mit einer Mischung aus angewandtem alltagspsychologischem Wissen für Ihre berufliche und private Weiterbildung aufwarten mit einem Anstoß für die eigene Innenschau, illustriert durch weitere Geschichten über die aus dem Vorgängerbuch *Mit ICH-KULTUR zum privaten und beruflichen Erfolg* bekannten Protagonisten.

Meine Gedanken und Tipps wenden sich an Führungskräfte und alle Menschen, die qua ihrer beruflichen Tätigkeit direkt Einfluss nehmen auf unsere Gesellschaft. Führungskräfte in Industrie, Wirtschaft und Politik sowie Lehrende, Betreuende, Berater und Mediziner. Sie alle führen Menschen in unterschiedlicher Ausprägung und mit unterschiedlicher Mission. Wer führt hat Einfluss und Verantwortung. Hierzu braucht es Mut.

Mit dem Mut ist es so eine Sache.

Kann man ohne Mut glücklich sein?

Mit dem Mut ist es wie mit Unmut, beide enthalten Ambivalenz. Wer mutig ist, könnte leicht zu viel davon einsetzen, indem er zu waghalsigen

Aktionen neigt. Wer unmutig ist, könnte ebenfalls zu viel davon spüren, indem er in Lethargie verharrend die Gestaltung seines Lebens anderen überließe. Glückliche Menschen jedoch haben nie zu viel oder zu wenig von ihrem Glücksgefühl; sie sind einfach glücklich. In einem Augenblick wirklichen Glücks fragt sich der Mensch nicht, ob er noch mehr davon haben könnte. Er genießt das gute Gefühl.

Zum Glücklichsein gehört Mut. Mut, ein Gefühl zuzulassen, das einen ganz und gar erfüllt. Mut, dort hinzugehen wo es leichter gelingen kann, dieses Glücksgefühl zuzulassen, wegzugehen aus toxischen Umgebungen. Den Moment zu genießen, in dem man in Frieden und Begeisterung ganz bei sich selbst ist. In Friede sein mit dem was man hat, statt unzufrieden mit dem, was man nicht hat.

Unsere momentane Welt strahlt in einem gleißenden Licht der Unzufriedenheit. Seit Urzeiten erklären uns Menschen, wie wir zu sein haben, damit wir erfolgreich sein können. In der Folge lernen wir Unzufriedenheit, weil wir den Maßstäben anderer Menschen eventuell nicht genügen. Um ihre Unsicherheiten zu überspielen und ihre Machtansprüche gleichzeitig durchzusetzen, erklären uns zuweilen alle politischen Parteien wie schlecht wir und die anderen seien. Landes- und Firmenlenker lügen uns schamlos an, während sich die mediale Berichterstattung manchmal geradezu suhlt in weiteren spektakulären Negativschlagzeilen. Religiöse Geistliche verleugnen jahrzehntelang tausendfache sexuelle Gewalt gegen Kinder und Jugendliche; ein weltweites Problem verursacht durch Prediger des Christentums. Wenige gewaltbereite Kräfte aus dem Untergrund haben Allmachtsvorstellungen, planen Terror. Machtstreben, Ängste und Unzufriedenheit enden in ungehobeltem Aufbäumen, in impertinentem Verhalten, unendlich nichtssagender Worthülsenschlacht und schließlich in teuflischer Gewalt. Wir erleben heute gefühlt mehr Unmut mit den Verhältnissen, statt mehr Mut zu einer gelingenden Neugestaltung des Miteinanders. Der allgemeine Eindruck, in der ganzen Welt herrsche durchweg Unzufriedenheit, geboren aus Verlustgefühlen, Schicksalsschlägen, Unsicherheit und Unglück verhindert Mut zur Findung alternativer Lösungsansätze für scheinbar übermächtige Probleme. In seinem Buch *Unsicherheit - Das Gefühl unserer Zeit* (Peters 2018) bespricht der Arzt Achim Peters, wie Menschen wegen ihrer Unsicherheiten krank werden. Unsicherheit zu reduzieren, kostet Energie. Diese müssen wir einsetzen zur Sicherung unseres sozialen Wohlbefindens. Er spricht von der Notwendigkeit, bewusst und zielgerichtet Information zu sammeln, damit wir unsere Unsicherheiten möglichst gering halten können. Information bedeutet Bildung. Durch Bildung glauben wir nicht leicht an medial verbreitete Sensationen und Schrecklichkeiten. Statt sich Schicksalsverstrickungen hinzugeben, braucht es die kritische Auseinandersetzung mit Information. Dies erfordert ebenfalls Energie und Mut. Der Wunsch nach Existenz im Menschen gibt dem Menschen Mut (Frankl 2015). Die Menschheit macht Erfahrung mit Schrecklichkeiten seit Tausenden von Jahren, immer wieder neu. Immer wieder neu müssen sich Generationen mit Grausamem auseinandersetzen. Der Mensch scheint nicht leicht aus der Erfahrung früherer Generationen lernen zu können. Es scheint, als ob ihm erst die eigene Erfahrung Einsichten bringt und seine Lernbereitschaft fördert.

„Wer will, der ist des Schicksals Freund, wer nicht, sein Knecht", sagte der griechische Philosoph Kleantes. Epikur war überzeugt, dass dem Weisen selten das Schicksal in den Weg trete. Seneca erklärte, ein Missgeschick sei prinzipiell verstehbar, auch, wenn wir dabei mit unserem Verständnis schnell an unsere Grenzen stoßen, schreibt Albert Kitzler in seinem Buch über das Leben Lernen (Kitzler 2017). Wir alle haben Sehnsucht nach der Erfüllung unserer Sehnsüchte. Ich bin überzeugt, dass, wer sich wegen seines Ärgers über die Umstände in Unmut nur aufbäumt und die Stimmung der Umgebung nachhaltig negativ beeinflusst, nicht umsichtig agieren kann. Sein, möglicherweise verblendetes, Ziel ist das Aufhetzen anderer, das Spalten. Sich unseren Sehnsüchten mit Mut zu stellen, gehört für mich zur Verantwortung jedes Einzelnen in unserer Gesellschaft. Hierfür sollten wir wissen wollen, wer und wie wir sein möchten. Wer glücklich sein möchte, braucht Mut, sich in den Spiegel zu schauen und zu sich zu stehen. Unsere ICH-KULTUR® lehrt uns eine reflektierte Geisteshaltung für unsere Entwicklung in einen verantwortlichen, wohlwollenden Mitmenschen.

Dieses Buch nimmt Sie, lieber Leser, mit auf die weitere Entwicklungsreise der beiden Protagonisten Gert Simon und Mine, die Sie eventuell aus dem ersten Band dieser Reihe kennen: *Mit ICH-KULTUR zum privaten und beruflichen Erfolg* (Malzacher 2018). In der Geschichte werden Sie durch gezielte Fragen angehalten, das Verhalten der beiden zu überdenken und selbst Lösungsmöglichkeiten zu entwerfen. Über eine wiederholende Erklärung der ICH-KULTUR®-Elemente gelangen Sie zu wichtigen Informationen über grundlegende negative Gefühle wie Ängste, Ärger und Traurigkeit des Menschen, die unseren Erfolg im Geschäftsalltag hemmen können und unsere Herzgesundheit beeinflussen. Im Sinne eines neuen Ansatzes der bewussten Persönlichkeitsbildung erfahren Sie hier mehr über sozialpsychologische Möglichkeiten; Sie erhalten praktische Tipps für Ihre

Alltagskommunikation. Wertvolle Anleitungen für Ihre eigene bewusste Persönlichkeitsbildung in Verbindung mit neuen Erkenntnissen der Neurobiologie sowie zwei Interviews mit Menschen, die Außergewöhnliches erlebten, ergänzen das Erlernen Ihrer Loyalität zu sich selbst, zu ihrer ICH-KULTUR®.

Literatur

Frankl, V (2015) Es kommt der Tag, da bist du frei. Kösel, München
Kitzler, A (2017) Leben Lernen – Ein Leben lang. Herder, Freiburg
Malzacher, J (2018) Mit ICH-KULTUR zum privaten und beruflichen Erfolg. Spinger-Gabler, Wiesbaden
Peters, A (2018) Unsicherheit – Das Gefühl unserer Zeit. C. Bertelsmann, München

Danksagung

Meine Arbeit als IPC®-Consultant besteht aus dem Austausch mit Menschen. So leben auch meine Buchprojekte vom Austausch mit vielfältigen Menschen und den Einsichten, die wir daraus gewinnen. Meinen Projektpartnern danke ich für ihr beständiges Interesse bei der Entstehung dieses Buches. Ein weiteres Mal konnte ich auf die Unterstützung meiner lieben Kinder zählen. Carolin für ihr Zuhören und Kommentare und Matthias für die praktische Umsetzung modernen Marketings. Die zuverlässige Zusammenarbeit mit der Illustratorin Doro Kaiser war mir eine besondere Freude. Schaubilder und Logos, wie immer durch Peter Belgardt umgesetzt, fanden hier einen passenden Platz. Ursula Kirchners wertvolle Kommentare zu den Geschichten über Gert Simon und Mine sowie Thomas Hoffmanns ungebrochen engagierte Mitarbeit am Gelingen des Gesamtprojekts schätze ich sehr. Nicht zuletzt danke ich Peter Buchenau und den Mitarbeitern im Springer-Verlag für ihre Unterstützung sehr herzlich.

Inhaltsverzeichnis

Über die Autorin

Jutta Malzacher, Phd ist mit Leib und Seele Pädagogin und professionelle Entwicklungsbegleiterin für Menschen in Organisationen. Ihre akademischen Abschlüsse erlangte sie in Deutschland und den USA. Seit über 30 Jahren arbeitet sie für die Personalentwicklung in Organisationen. Besonders prägend empfindet sie ihre vielfältigen Erfahrungen mit Führungskräften und Mitarbeitern internationaler Technologie- und Produktionsunternehmen in Automotive, IT und Anlagenbau. Hier unterstützt sie internationale Mitarbeiter mit ihren Coachingprogrammen und interkulturellen Kommunikationstrainings, basierend auf der ICH-KULTUR®, der inneren Vielfalt eines jeden Menschen. Sie ist überzeugt, dass wir die Möglichkeit haben, unsere persönliche mentale Widerstandskraft bewusst zu entwickeln, um so ein glückliches, stressfreies Leben zu führen. Die Autorin sieht sich als Anwältin für Integration mit Herz und Verstand. Sie ist Unterzeichnerin der Charta der Vielfalt in Deutschland für ihre eigene Organisation. Engagiert unterstützt sie Mitarbeiter bis hin zu neuen Führungskräften in Unternehmen. Sie lebt in Heidelberg und arbeitet bundesweit. Mit soziopsychologisch fundierten Programmen bildet sie Berater, Lehrende und Führungskräfte zum IPC®-Consultant weiter. Mehr Information finden Sie unter www.elan-project.de, www.ichkultur.de.

1

Mut in der Arbeitswelt durch ICH-KULTUR®

Wir können einer anderen Person nicht direkt
etwas lehren; wir können nur ihr Lernen fördern.
Carl Rogers

Seit unserer Sitzung sind vier Wochen verstrichen. Das zaghafte Lächeln meines Klienten erscheint gezwungen. Bedrücktheit liegt in seiner Stimme. Beim regulären Update zu Beginn der Session die Information: Stimmung auf dem Nullpunkt. Frust, Resignation. Die kontinuierliche Umstrukturierung in der Firma, fehlende Transparenz und uneindeutige Kommunikation belasten ihn. Er fühle sich ausgeschlossen bei Entscheidungen, seine Ideen interessierten die neue Hierarchie nicht. Mit bewegungslosem Gesicht schaut er mich an. In seinem PC hätte er schon Bewerbungen fertig zum Abschicken. Ist da noch etwas zu retten? Wieder einmal ist eine Firma dabei, einen kompetenten Mitarbeiter zu verlieren. Aufgeben zum jetzigen Zeitpunkt geht nicht, nicht für meinen Klienten und nicht für mich. Als IPC®-Consultant und Wegbegleiter im Führungscoaching schlüpfe ich manchmal in die Rolle eines Detektivs. Ich bin mehr als ein Beobachter. Meine vielen Fragen bringen Antworten. Der Klient lernt aus seinen Antworten über sich selbst.

Was ist da wirklich los? Woher kommen die negativen Gefühle? Fehlt es meinem Klienten oder seinem Vorgesetzten an Selbstvertrauen, dem Glaube an seine Selbstwirksamkeit? Wieviel Einfluss hat er auf seine Abteilung, seine Kunden? Hat er genügend Mut? Wie stressresilient ist mein Klient? Was kann mein Klient für seine Eigenmotivation tun? Besitzt er „kalte oder warme

© Springer Fachmedien Wiesbaden GmbH, ein Teil von Springer Nature 2019
J. Malzacher, *Mut in der Arbeitswelt durch ICH-KULTUR*,
https://doi.org/10.1007/978-3-658-24809-3_1

Gelassenheit" (Strässle 2013)? In seinem Buch definiert Thomas Strässle kalte Gelassenheit als einen distanzierten, unempathischen Umgang mit Problemen und warme Gelassenheit als einen lockeren, mit Wohlwollen besetzten Umgang mit Problemen. Sicher ist, die Stimmung des Klienten sowie die seiner direkten Mitarbeiter hat Wirkung. Zuallererst leidet unsere Lebensqualität. Das gesamte Team könnte in Mitleidenschaft gezogen werden.

Wir alle möchten glücklich sein, zu Hause und bei der Arbeit. Wenn wir durch emotionalen Stress in ein dunkles Loch geraten oder uns wie vor einer Nebelwand fühlen, blockieren uns Ärger, Angst, anhaltender Groll oder Trauer. Schlafstörungen lassen uns nach Schlafmitteln greifen. In den USA nehmen 4 % der Erwachsenen Schlaftabletten, in Europa sind es 1,5 %. In einer amerikanischen Studie wurden 444.306 US-Amerikaner aus allen Staaten der USA interviewt. Sie brachte hervor, dass Menschen, die weniger als 7 h am Stück schlafen, zu Fettleibigkeit, Bluthochdruck, Diabetes, Koronarer Herzkrankheit neigen, zu Schlaganfällen, mentaler Gereiztheit und frühem Tod (Liu et al. 2014).

Der Umgang mit negativen Gefühlen und dysfunktionale Kommunikation sind die häufigsten Nöte meiner Klienten. Da hilft die Erinnerung an die Theorie der Führung nicht. Interessante Ansätze, wie z. B. das Führungsrad oder die Führungsgrundsätze nach Fredmund Malik, erlauben uns bei persönlichem emotionalem Stress wenig interessierte Beachtung. Wenn negative Gefühle übermächtig sind, braucht es empathische und praktische Unterstützung und angemessene Kommunikation. Während die Kenntnis über verschiedene Führungstheorien eine wichtige Grundlage für einen IPC®-Consultant in der Führungskräfteentwicklung ist, sind es doch die mit erprobter Praxis und lebendiger Erfahrung durchsetzten Aspekte der Umsetzung des „Beitrages zum Ganzen, Resultatorientierung, die Konzentration auf das Wesentliche, Stärken – Schwächen – Bewusstheit, Vertrauen und positives Denken" (Malik 2014). Auch das Konzept des „Situational Leadership", kurz SLII, nach Ken Blanchard, (Hersey und Blanchard 1982) welches ich in diesem Buch erkläre, hilft nur bei gut ausgeprägtem Selbstvertrauen. Wir wissen, Theorie ist wichtig, aber nicht alles. Nach meiner Erfahrung gilt es immer und immer wieder, sich selbst zu reflektieren, seine versteckten negativen Haltungen und unüberlegten Reaktionen auf Impulse sowie seinen emotionalen Stress in den Griff zu bekommen. Hierzu braucht es nur selten Psychotherapie, denn wir sind ja nicht krank, wenn uns ein Ärger hin und wieder übermannt. Es gilt, eine Negativspirale zu vermeiden und sich Unehrlichkeiten oder sonstige Ausweichmanöver nicht anzugewöhnen. Hierzu gibt es einfache, aber hilfreiche Übungen, vor allem für die eigene Kommunikation. Sie erkläre ich in diesem Buch. Gert Simon und

Mine gehen durch Tiefen, haben Glück und erleben Rückschläge. Sie lernen, Augenblicke von Glücksgefühlen zu schätzen. Mit der Zeit erkennen sie, wer sie sein möchten und verabschieden sich von inneren Annahmen. Sie lernen, genauer hinzusehen, werden sich selbst bewusster und können wachsen, indem sie sich entwickeln. Schließlich erwachsen sie aus ihren festgelegten Annahmen.

Szenenwechsel.

Meine Arme ragen in den Himmel. Mein Kinn streckt sich in die Höhe, die Muskeln dehnen meinen Körper soweit es geht. Meine Füße streichen über den duftenden Wiesenkräuterteppich. In der Ferne läuten Kuhglocken. Meine Augen blinzeln in die Maisonne. Ich schaue hinüber auf den mächtigen Kamm der Flumser Berge. Genuss. Ich atme tief ein und ganz langsam aus. Nun hüpft mein Körper aus dem Stuhl. Ich beuge mich vor und schaue hinunter. Dort gleiten ein paar Boote gemächlich über den Walensee.

Für mein persönliches Glücksgefühl braucht es wenig. Schon immer holte ich mir Freude, Zuversicht und Mut aus der Natur. Manchmal reicht es, einer Biene beim Putzen zuzusehen, wie sie emsig ihre kleinen Beinchen über die mächtigen Augen streicht. Den taumelnden Tanz eines Schmetterlings verfolgen, nachdem er Sonnenenergie pumpte. Eine smaragdglänzende Libelle wegen ihrer pfeilschnellen Zielgenauigkeit bewundern. Versinken in der Fülle der Natur, wo alles richtig erscheint. Wenn ich mich einlasse, gibt mir mein Gefühl der Verbundenheit mit allem was ist, Zuversicht. Manche Menschen können sich auf naive, ja kindliche Art einlassen, indem sie schauen, den Augenblick erleben ohne Urteil. Frisch und frei gehen sie auf die Dinge zu. Intellektuelle Höchstleistung hat jetzt keinen Platz. Das in mentaler Stille Aufnehmen lässt Staunen zu und negative Gefühle weichen. Die so entstehende Sicherheit eines kleinen, doch erhebenden, Augenblickes voller Schönheit in eintausend Metern Höhe ergreift mich. Ich lasse es zu. Dort der riesige alte Eichenbaum, umgeben von kommenden Bergorchideen, berührt mein Herz. Hier die Wiesenkräuter, ihre Vielförmigkeit kaum bemerkt, bescheiden und gleichsam bekömmlich und heilend.

Wir sind ein Teil dieser Natur. Auch wir sind schön. Bewusst können wir beitragen zu dieser Schönheit, zu unserer Schönheit. Der Philosoph Seneca sagte hierzu: „Diese Welt, das größte und schönste aller Naturgebilde, und der Geist, der Betrachter und Bewunderer der Welt, ihr erhabendster Teil – sie gehören uns und bleiben uns treu und werden solange mit uns dauern als wir selbst dauern" (Kitzler 2017). Indem wir beachten, statt missachten, indem wir achten und erkennen, wie sich Erleichterung einstellt durch die Verbindung unseres Seins mit der Basis unserer Existenz. Auch wenn wir es immer wieder versuchen, die Natur ist nicht wirklich zu bezwingen.

Sie hat ihren eigenen Rhythmus. In der Tierwelt gewinnt der Stärkste, der Kräftigste, der Rücksichtslose, der Aggressive mit dem größten Rudel, der mit den effektivsten Waffen. Als Menschen haben wir im Kern ähnliche Anlagen. Unser Kern scheint ebenfalls nicht zu bezwingen, doch unser Sein kann sich entwickeln. Wir können unser Selbst kultivieren, unsere sich über eine Lebenszeit entwickelnde, persönliche Kultur selbst steuern auf der Basis unserer individuellen Möglichkeiten. Wir können uns kultivieren aufgrund der Bewusstheit über unsere Werte. Wir können uns auch kultivierend in die Gesellschaft einbringen, statt ausschließlich archaische Kräfte wirken zu lassen. So manche unbewusst entwickelten Fallstricke im zwischenmenschlichen Zusammenspiel können wir in unserer überlebensgesicherten Welt umgehen, wenn wir umsichtig und weitsichtig agieren. Wir können ganz einfach andere unterstützen, wenn wir es möchten. Gleichzeitig können wir andere ignorieren, sie verdammen und Streit anzetteln. Unser freies Leben in Wohlstand inklusive unserer Redefreiheit vermacht uns ungeheure Möglichkeiten. Wir können wählen, wie und wer wir sein möchten. Doch, wenn wir in emotionalem Stress sind, kommt das Archaische in uns zum Vorschein. Dann kann es sein, dass wir roh und unsittlich agieren. Wir können leben im Einklang mit unserer persönlichen Natur. Unser innerer Kompass ist Teil unserer ICH-KULTUR®. Dieser zeigt uns manchmal ganz selbstverständlich den Weg, unseren ganz persönlichen Pfad. Immer entscheiden wir, wie wir sein möchten. Wenn wir uns auf uns einlassen, erkennen, was wir brauchen und wer wir sein möchten. Auf dieser Basis können wir unsere eigene ICH-KULTUR® immer weiter entwickeln und so innere Zuversicht ernten.

Zuversicht zeigt sich in Gelassenheit, in ruhiger Sicherheit und stiller Erkenntnis.

Beim Führungskongress war der Hauptredner wieder ein Sportler. Er erzählte über seine ungebrochene Zuversicht, einmal zu den Siegern zu gehören. Er sprach über seinen Mut zur langjährigen Übung und der Überwindung seines inneren Schweinehunds gegen alle Widrigkeiten. Er beschrieb seinen unbedingten Willen durchzuhalten. Als erfolgreichster deutscher Schwimmer erhielt der sympathische Speaker Thomas Lurz 2012 die Olympische Silbermedaille. Was können wir von ihm lernen? Eigenführung und die Führung anderer benötigen langjährige Übung. Führungskräfte werden heutzutage als Leader verstanden. Alle notwendigen Fähigkeiten sind nicht jedem in die Wiege gelegt. Wer andere Menschen führen möchte, braucht zunächst eine mutige und zuversichtliche Haltung und die Überzeugung, dass er erfolgreich sein kann. Zuversichtliche Menschen können für uns ein Quell unseres Geborgenheitsgefühls sein. Wer Zuversicht und Mut ausstrahlt, ist sich seines Seins sicher, stahlt dieses auch aus. Als mutige, umsichtige Führungskraft sollten wir auf eine positive Stimmung unter Kollegen und Mitarbeitern achten. Stimmung jeder Art kann anstecken. Die Geschäftspartner und Kunden eines Zuversicht ausstrahlenden Menschen werden Geschäftspartnern gerne Zugeständnisse machen, auch, wenn die Rahmenbedingungen woanders eventuell besser sind.

Mein Geschäftspartner in einem großen Unternehmen schimpfte häufig über die schlechten Zustände in seiner Abteilung. Seine Unzufriedenheit über sich unanständig verhaltende Kollegen führte zu immer mehr Groll, den er mir gegenüber offen zeigte. Seine sinkende Loyalität und die überwiegend negativen Gefühle machten ihn immer unbeweglicher. Er bemerkte, dass er keinen Einfluss auf die allgemeine Stimmung mehr nehmen wollte. Schließlich verlor er seinen Glauben an seine Selbstwirksamkeit. Er fühlte sich als Opfer der Umstände. Mir wurde sein Verhalten immer unsympathischer. Die Leitung zeigte mangelnde Führungskompetenz und großes Desinteresse an den Sorgen meines Geschäftspartners. In der Folge begann er, sich in andere Bereiche weg zu bewerben. Mit der Zeit verlor ich meinen Glauben an ihn. Dies wirkte sich auf meine Stimmung und Motivation aus, für dieses Unternehmen zu arbeiten. War mein Geschäftspartner tatsächlich ein passendes Pendant, konnte ich darauf vertrauen, dass er mir für mich wichtige Informationen korrekt weitergab? Ich bin sicher, hätte mein Geschäftspartner durch Klarheit über seine ICH-KULTUR® mehr Mut und Zuversicht besessen, er wäre ein guter Botschafter seiner Firma gewesen. Er hätte versucht, als Repräsentant seines Unternehmens Vertrauen aufrechtzuerhalten. Seine beinahe feindliche Stimmung ließ keine Loyalität für das Unternehmen vermuten.

Fehlende Loyalität hat mit mangelnder Zuversicht in das Tun des Vorgesetzten zu tun. In *A higher loyalty* beschreibt der frühere FBI-Direktor James Comey nicht nur, warum es zum Bruch zwischen ihm und dem US-Präsidenten Donald Trump kam (Comey 2017). Er spricht überzeugend über seinen Glauben an profunde Werte und wie sich ethische Führung für ihn darstellt. Diese sind Aspekte seiner ICH-KULTUR®.

Wenn wir unseren Kern, unsere Natur, zusammen mit der Umgebungskultur beachten, werden wir uns unserer Haltung gegenüber unseren Mitmenschen und der Welt bewusst. Egal wie körperlich beinträchtig wir sein mögen, durch Krankheit eingeschränkt oder durch schwierige Lebenssituationen belastet, wir können mit unseren persönlichen Ressourcen ein qualitativ gutes Leben führen. Es braucht eine bewusste Entscheidung dafür.

Literatur

Comey J (2017) A higher loyalty. Macmillan Audio, New York

Hersey P, Blanchard K (1982) Management of organizational behavior, 4. Aufl. Prentice Hall, Englewood Cliffs

Kitzler A (2017) Leben Lernen- Ein Leben Lang. Herder, Freiburg

Liu Y et al (2014) Prevalence of healthy sleep duration among adults – United States, Centers for Disease Control and Prevention

Malik F (2014) Führen Leisten Leben. Campus, Frankfurt

Strässle T (2013) Gelassenheit. Hanser, München

2

ICH-KULTUR® Elemente in Kurzform

In meinem Buch *Mit ICH-KULTUR® zum privaten und beruflichen Erfolg* beschreibe ich ausführlich, wie sich die persönliche Kultur eines jeden Menschen zusammensetzt (Malzacher 2018). ICH-KULTUR® hat nichts mit Egoismus zu tun. Wer seine persönliche Kultur, seine ICH-KULTUR® kennt, steht fester, kann gelassener auf Gegenwind reagieren und sich leichter positionieren. Es wird ihm besser gelingen, die Eigenheiten anderer Menschen mit Herz und Verstand abzufedern, statt den Menschen abzustempeln und in eine negative Schublade zu stecken.

Jeder Mensch ist ein Unikat. Jeder Mensch ist genetischen und umweltbedingten Einflüssen ausgesetzt. Jeder Mensch reagiert ganz und gar individuell auf unerwartete Veränderungen und geht mit Stress, insbesondere mit emotionalem Stress, auf seine ganz eigene Weise um. Jeder gesunde Mensch kann lernen, mentale Widerstandskraft zu entwickeln, sofern er sich in einem Umfeld befindet, welches dieses Lernen begünstigt. Wir sind nicht grundsätzlich Opfer von Umständen. Vielmehr können wir Gestalter dieser sein, vorausgesetzt unser Gemüt ist positiv eingestellt. Wer eine positive Einstellung hat, kann seine mentale Widerstandskraft leichter entwickeln als jemand mit negativer Ausrichtung. Unsere Einstellung können wir ändern. Hierzu braucht es Wille, Übung und Rückmeldung durch aufmerksame Menschen in unserer Umgebung. Hiermit können wir unsere eigene Aufmerksamkeit fördern und achtsamer werden.

Positiv eingestellte Menschen schauen auf die Welt mit lebensbejahender Zuversicht. Dieser Mensch glaubt an seine Selbstwirksamkeit und bewertet sein Einflussvermögen in die Umgebung realistisch. Ein gesundes Durchhalte- und Aushaltevermögen erlauben ihn, sich in schwierigen Lebenssituationen

J. Malzacher, *Mut in der Arbeitswelt durch ICH-KULTUR*,
https://doi.org/10.1007/978-3-658-24809-3_2

leichter zu erholen als dies ein negativ gestimmter Mensch kann. Veränderungen sieht der positiv eingestellte eher als Chance denn als Risiko. Seine Lebensphilosophie ist möglicherweise mit Humor bestückt. Wenn er andere leiden sieht, zeigt er eventuell zuversichtliche Empathie. Er kann für sich und andere Grenzen setzen und diese mit mutigem Wohlwollen kommunizieren. Mit negativen Gefühlen und emotionalem Schmerz wie Ärger, Angst, Niedergeschlagenheit, Trauer, Widerstand, Neid und Missgunst, Eifersucht, Herablassung etc. kann er zumeist erfolgreich umgehen. Seine geistige Stärke schöpft er aus balancierender Reflexion. „Der Schmerz ist unausweichlich, das Leiden ist deine Wahl", frei nach Buddha, bedarf daher neuer Beachtung. Gelassenheit, die wir heute so angestrengt im Außen suchen und dort natürlich nicht finden, speist sich aus der inneren Einstellung. Gelassenheit hat, wie wir wissen, mit lassen, auch in Ruhe lassen, gehen- und loslassen zu tun. Positive oder negative Gedanken, Beharren und Bewahren sind ebenso maßgeblich an unserem Umgang mit Herausforderungen beteiligt wie flexibles Abfedern und entscheiden, was Pflicht und wichtig ist, uns gut tut oder sich als Herzensangelegenheit in den Vordergrund schiebt. Wie wir eingestellt sind, entwickelt und ändert sich kontinuierlich während unserer Lebenszeit. Nichts in unserem gesunden Gehirn ist in Stein gemeißelt, wir können unsere mentale Entwicklung selbst beeinflussen. Dies bescheinigen uns heute die Erkenntnisse der Neurobiologie (Bading 2016). Doch schon die griechischen und römischen Philosophen erklärten, dass Glücksgefühle nur dann entstehen können, wenn wir frei von Ängsten und Unmut sind. So sagte der römische Dramatiker und Philosoph Lucius Annaeus Seneca, der vor beinahe 2000 Jahren starb: „Was ist schimpflicher, als gerade auf der Schwelle gesicherter Ruhe voller Sorge und Unruhe zu sein? Ihren Grund hat diese Erscheinung darin, dass wir, leer an allen wirklichen Gütern den ganzen Inhalt unseres Lebens als nichtig empfinden" (Kitzler 2017).

Neben Schicksalseinflüssen, die unsere persönliche Kultur als Teilelement bestimmen, sind an unserer ICH-KULTUR® Temperament und Persönlichkeit beteiligt (siehe Abb. 2.1) Unsere multiplen Intelligenzen als Element versteckter Potenziale und Ressourcen tragen zu einem guten Leben bei. Als Lehrende und Lernende können wir sie schon im Schulalter nutzbar machen (Gardener 2011). Ein wesentliches, jedoch vernachlässigtes Element sind die vielen kleinen Aspekte, die wir uns dringend bewusst machen sollten. Wir können sie unbewusst erlernen und bewusst ablegen. Wir können unsere Aufmerksamkeit bewusst ausrichten und manche Verhaltensweisen bewusst einrichten. Wir können aufpassen und uns anpassen. Es sind Denk- und Verhaltensweisen und regional eingefahrene sowie kulturell und gesellschaftlich erwartete Stile, die wir in Form von Glaubenssätzen manifestieren.

Abb. 2.1 ICH-KULTUR®. (Malzacher 2018)

Wir sollten wissen, dass unser eigener Denk-, Verhaltens-, Arbeits- oder Kommunikationsstil und unsere, womöglich entwertete, Etikette zu unserem Verhängnis werden kann. Dann sind wir unser eigener Stressor. Ein Mensch, der sich einen monochronen Arbeitsstil zugelegt hat, wird es schwer haben, mit einem Menschen mit polychronem Arbeitsstil zusammenzuarbeiten. Sich an einen festgelegten zeitlichen Ablauf zu halten, checklistenmäßig seine Aufgaben abzuarbeiten, nennt man monochron. Eine polychrone Arbeitsweise – es ist nicht Multitasking – bedeutet, zeitlich parallel ablaufende Prozesse zu bearbeiten. Der polychron Arbeitende muss sich immer wieder neu in unterschiedliche Denkprozesse begeben, während ein monochron Arbeitender zum Ziel führende Schritte transparent abschließt. Weil polychrones Arbeiten möglicherweise zu Intransparenz führt, kann diese Arbeitsweise für die Zusammenarbeit anstrengend sein. Andererseits sind es wohl besonders flexible Menschen, die auf diese Weise erfolgreich arbeiten. Haben wir den Arbeitsstil unserer Kollegen erkannt, könnte es uns gelingen, uns etwas anzupassen, statt ihnen womöglich etwas abzuverlangen, was sie nicht ändern können, weil es ihnen nicht bewusst ist. Wir sollten darüber reden und gemeinsam Wege finden. Dasselbe gilt für eine hohe Beziehungsorientierung bei gleichzeitig niedriger Aufgabenorientierung von Mitarbeitern. Ein solcher Mitarbeiter benötigt die enge Beziehung zu Kollegen und Vorgesetzten während seiner Aufgabenbewältigung. Wenn er diese nicht spürt, kann es zu Vertrauensproblemen kommen. Wenn wir Widerstände spüren durch Menschen in unserer direkten Umgebung, sollten wir uns fragen, welchen Anteil wir an diesem Widerstand haben, statt sich über ihn zu stellen und ihn mit einem Urteil zu versehen. Wie oft urteilen Sie im Laufe einer Woche über Menschen?

In den vielen Jahren meiner beruflichen Tätigkeit lernte ich die starke Wirkung von Sprachen und Dialekten kennen. Vor kurzem traf ich auf einem Seminar Menschen, die andere Menschen wegen deren Dialekts mieden und gar in eine Schublade steckten. Durch unser Urteil, egal ob positiv oder negativ, erheben wir uns über andere. Möglicherweise entgeht Ihnen so die Bekanntschaft mit einem neuen wertvollen Menschen, der Ihre ICH-KULTUR®-Entwicklung hätte positiv beeinflussen können. In Deutschland gibt es eine immense Anzahl unterschiedlicher Dialektfärbungen. In ihrer Dissertation über die soziokulturellen Konstrukte von Dialekträumen berichtet Kim Leonhardt von der Universität Tübingen, dass Menschen mit einer hohen Ortsloyalität mehr über ihren Dialekt wissen als andere und ihren Dialektgebrauch durchschnittlich schwächer variieren. Dies, so fand sie heraus, ließe außerdem einen leichten Zusammenhang zwischen räumlicher und sprachlicher Identität erkennen. Für die ICH-KULTUR® ist Sprache und räumliche Identität ein maßgeblicher Faktor. Ein griechisches Sprichwort lautet ungefähr so: „Sag mir woher du kommst und mit wem du gehst und ich sage dir wer du bist." „Metasprachliches Wissen als Teil regionalen Wissens kann damit als kommunikationsfördernd, sozial und konstitutiv für räumliche Identitäten beschrieben werden" (Leonhardt 2014). Für ihre Dissertation befragte Kim Leonhardt unter anderem Sprecher in Neuenstadt am Kocher, Gundelsheim und Widdern. Sie gehören sprachlich nicht zum schwäbischen Sprachraum, „nahmen diese Zuordnung jedoch selbst vor und zwar in einer leicht abwertenden Form. Dies ist als Zeichen für die Dominanz des Schwäbischen in Bezug auf identifikative Potenziale zu werten" (Leonhardt 2014). Ein jeweils historisch-geografischer Hintergrund, z. B. dass die Gebiete, in denen die oben genannten Orte liegen, früher zum Königreich Württemberg gehörten, spiele bei dieser Selbsteinschätzung und Identitätszuordnung eine Rolle berichtet Kim Leonhardt; ein wesentlicher Faktor in puncto Schicksalsfaktoren der ICH-KULTUR®. Für die einen ist es wichtig zu wissen, in welchen Sprachraum sie gehören, für andere ist dies ein unerheblicher Faktor ihrer Herkunft.

Unsere ICH-KULTUR® beeinflusst Firmenkulturen und die Kultur ganzer Konzerne, denn diese bestehen aus Menschen. Für mich hat jeder einzelne, für eine Organisation arbeitende Mensch eine Verantwortung für deren Kommunikation nachvollziehbarer Strategien innerhalb der Organisation. Wie sonst könnte sich ein Mitarbeiter mit der Organisation identifizieren und ihr seine Loyalität versprechen. Die kürzlich geschehene massenweise Abwanderung von Facebook-Topmanagern sei zurückzuführen auf grundlegende Konflikte mit Zuckerberg und seinem Führungsteam, weil Zuckerberg seine neue Strategie nicht erklärte. Bei allem Verständnis für die Überforderung des Konzernlenkers aufgrund seiner relativen Unerfahrenheit und mannigfaltiger Probleme bei den Diensten Whatsapp und Instagram sowie der Verbreitung von Hassbotschaften durch Facebook wäre die Reaktion der Topmanager dann nachvollziehbar, wenn sie trotz Mut keine Durchsetzungsstärke gegenüber Zuckerberg gehabt hätten. Dies hieße im Umkehrschluss, dass Zuckerberg und sein Führungsteam kolossale Macht im Unternehmen geltend machten. Ein Schritt zurück zum Patriarchat? Wer als Firmenlenker im Zenit der Öffentlichkeit stehender Unternehmen emotionalen Stress hat, sollte sich an seine ICH-KULTUR® erinnern, denn sie beeinflusst, wie eine Organisation dort gesehen wird. Audi-Chef Rupert Stadler konnte trotz seiner Beschwerden nur auf Kaution seine Entlassung aus der Untersuchungshaft erwirken. Selbst, wenn er nichts von den Dieselmanipulationen gewusst hätte, wäre er als Vorstandsvorsitzender nicht tragbar, eben weil er nichts wusste. Aus dem Gefängnis heraus musste er seinen Posten räumen. Ein Brett Kavanaugh, nun einer der obersten Richter der USA, zeigte sich der Öffentlichkeit bei seiner Bewerbungsanhörung durch seine Mimik, Gestik und Stimme derart unglücklich, dass man ihm diesen Posten nicht zutrauen kann. Offensichtlich kämpfte er innerlich mit sich, versuchte seinen Ärger zu unterdrücken und etwas darzustellen, was er nicht ist. Zudem erschien er als Opferlamm im Streit von Demokraten mit Republikanern. Er hätte auch von seiner Bewerbung zurücktreten können. Selbst eine FBI-Untersuchung musste er über sich ergehen lassen. Seinen Dozentenjob an der Harvard Universität gab er unter dem Druck von über 600 Kollegen und 800 Studenten auf, die vor seinem Temperament und seiner ethischen Einstellung warnten. War sein Verhalten gegründet auf der Angst, das eigene übergroße Karriereziel nicht zu erreichen oder die Angst vor den Folgen, den Wunsch eines amerikanischen Präsidenten abzulehnen? War es die Angst vor einer Überführung? Wir kommen durch Schicksalseinflüsse und eigene Befindlichkeiten in Stress, das ist normal. Doch in stressreichen Situationen können wir uns besser im Griff haben, wenn wir zu unserer persönlichen ICH-KULTUR® stehen. Wir können entscheiden, ob wir uns als Erfüllungsgehilfen ins Kreuzfeuer anderer begeben und uns selbst dabei ganz vergessen. Nun, das sind wir vom amerikanischen Präsidenten durch mehrere belegbare Szenarien gewöhnt, wollte dieser bei einer Wahlveranstaltung für die kommenden Primaries ein Gemetzel entfachen gegen die Frau, die seinen Kandidaten für das Supreme Court anprangerte.

Er wird von vielen als jemand mit einem Alkoholproblem und machtbesessen gesehen, indem er sie, die frühere College-Kommilitonin, sexuell angriff. Der wegen seiner unprofessionellen und abwertenden Äußerungen in der Welt kaum akzeptierte Präsident einer Supermacht trat in diesem Zusammenhang gleichzeitig wie ein Richter in einer unernsten Realityshow auf. Kann man ihn ernst nehmen, diese Führungskraft?

In meiner unmittelbaren Umgebung regieren Handelsriesen und Softwarekonzerne, die ihrerseits die öffentliche Meinung beeinflussen. Vor einigen Wochen wurde öffentlich, dass das „Kunststück am Herzstück" bei Lidl in Zusammenarbeit mit SAP scheiterte und dieses Scheitern vermutlich 500 Mio. € verschlänge (Kerkmann und Wolf 2018). Kerkmann und Wolf möchten erfahren haben, dass sich „Schicksalsgemeinschaften" zwischen Projektverantwortlichen und Beratern gebildet hätten, die ihre Augen vor dem immer zahlreicheren Problem verschlossen, „damit sie sich ihr Scheitern nicht gegenseitig eingestehen müssen". Ebenso spielt wohl, wie so oft, das berühmte Kästchendenken im Prozessmanagement eine entscheidende Rolle. Man fragte sich, ob IT-Abteilung und Fachbereiche miteinander geredet hätten, so die Autoren. Ein gravierender Einfluss der ICH-KULTUR® jeweiliger Player trägt zu deren Verhalten bei Konflikten bei. Möchten sie als Mitläufer agieren und auch bei Zweifeln den Mund halten oder bringen sie den Mut auf, gegen Dilettantismus vorzugehen? Die Organisationskultur essenziell beeinflussenden Führungskräfte besitzen auch beim Projektmanagement eine tragende Rolle. Meine eigenen Erfahrungen bestätigen dies. Eine Konzernmentalität, die dem Berater am Ende die gesamte Verantwortung übergibt, ist für mich verantwortungslos. Weder lebt sie einen Teamgedanken noch interessiert sie echte Mitarbeit. Lieber lässt sie arbeiten. Möglicherweise aus finanziellen Erwägungen macht sie es sich leicht, die Haftung an andere abzugeben. Weitreichend ist die ICH-KULTUR® von Firmenlenkern und zuarbeitenden Managern emotionaler Stress, wie Angst und Ärger und der Aufwand, diese zu verstecken, sind in solchen Konzernen nach meiner eigenen Erfahrung keine Seltenheit, Burnout ein Symptom und Hire & Fire ein Resultat. Mit ICH-KULTUR® lebt es sich definitiv leichter. In Zeiten des Fachkräftemangels und der Fachkräftesicherung (Barsch und Trachsel 2018) brauchen wir Verfeinerung und Contenance statt roher Emotionen.

Ein mit Vorurteilen behafteter Mensch macht sich selbst das Leben schwer, indem er sich ausgrenzt. Frustrane Erfahrungen machen uns empfindlich und genervt. Sie lassen unsere Gesprächsbereitschaft sinken. Möglicherweise spüren wir in einem solchen Falle eine tiefe Unlust gegenüber unserer Umgebung. Da ist es höchste Zeit, uns mit den Elementen unserer

ICH-KULTUR® zu befassen. Hierzu können wir ICH-KULTUR®-Bücher lesen oder Selbsthilfeliteratur. Wenn wir wirklich an uns arbeiten wollten, könnten wir einen IPC®-Consultant besuchen, der eine spezielle Zusatzqualifikation erlangte, um uns in solchen Fällen analytisch, systemisch und vor allem pädagogisch-praktisch bei unserer Persönlichkeitsbildung zu unterstützen.

Unser ganzes Leben lang lernen wir, wie Leben geht. Hilfen gibt es seit Menschengedenken hierzu aus Religionen, dem Buddhismus als praktische Unterstützung, in der Philosophie, Psychologie und Pädagogik. Neuerdings helfen uns die Erkenntnisse der Neurobiologie immer mehr, zu verstehen, wie Menschen „ticken". Aus meiner Erfahrung geht es bei unseren Leben-Lern-Versuchen zunächst um das Verstehen des Seins, einen Lebenssinn und eine individuelle Zielsetzung. Die praktische Umsetzung kann vergnüglich oder anstrengend sein, je nachdem, wie unser Gemüt ausgerichtet ist.

Literatur

Bading H (2016) Jede Millisekunde entwickelt sich das Gehirn neu. Universität Heidelberg, Department of Neurobiology

Barsch P, Trachsel G (2018) Chefsache Fachkräftesicherung. Springer Gabler, Wiesbaden

Gardner H (2011) The unschooled mind: how children think and how schools should teach. Basic Booky by Perseus Book Group, Philadelphia

Kavanaugh B (2018) Hearing as a candidate for US Supreme Judge. www.edition.cnn.com/specials/live-video-1. Zugegriffen: 12. Okt. 2018

Kerkmann C, Wolf F (2018) Digitale Transformation, Wie SAP und LIDL Hunderte von Euro versenkt haben, Handelsblatt 7, Handelsblatt online am 27.7.2018. www.handelsblatt.com/unternehmen/handel-konsumgueter/digitale-transformation-wie-sap-und-lidl-hunderte-millionen-euro-versenkt-haben/22850166.html

Kitzler A (2017) Leben Lernen – Ein Leben lang. Herder, Freiburg

Leonhardt N (2014) Dialektgrenzen als soziokulturelle Konstrukte. Universität Tübingen, Subjektive Sprachräume in Nord-Baden-Württemberg

Malzacher J (2018) Mit ICH-KULTUR zum privaten und beruflichen Erfolg. Spinger-Gabler, Wiesbaden

3

Die ICH-KULTUR® von Gert Simon und Mine – Was bisher geschah

Lieber Leser, Gert Simon und Mine sind die Protagonisten in diesem Buch. Beide sind über vierzig und haben schon einige Kapitel ihrer Lebensgeschichte gefüllt. Mag sein, Sie erinnern sich bei der Lektüre an Menschen in ähnlichen Situationen oder entdecken Ähnlichkeiten in Ihrem eigenen Verhalten. Ich wünsche Ihnen Denkanstöße aus dieser Geschichte, den darin gestellten Fragen und den angebotenen Analysen. Lassen Sie sich ein auf die Begegnung mit Gert Simon und Mine.

Als Unternehmerin erlebt Mine Konflikte für ihre Work-Life-Balance. Als Vorgesetzte ist sie mit ihrem Leadership nicht zufrieden. Seit sie ihren Mann verlassen hat, macht sie langsam Fortschritte beim Umgang mit ihrem emotionalen Stress. Ihre ICH-KULTUR® enthält einige Variable, die sie bewusst etwas anpassen könnte. Sie ist offen, zugänglich, gewissenhaft und umsetzungsstark. Doch ihr hohes Verantwortungsgefühl für andere und ihre starke Aufgabenorientierung zu Hause und bei der Arbeit tragen dazu bei, sich selbst in den Hintergrund zu stellen. „Mach es allen recht" sowie „Sei stark und perfekt" hat sie in ihrer Sozialisation gelernt. Diese Glaubenssätze haben ihr schon so manches Bein gestellt. Für ihren Managergatten lebte sie vor ihrer Trennung intensiv aufgabenorientiert und ordnete sich dessen Interessen unter. Bei der Arbeit zeigt sie bisher wenig Teamgeist, denn ihre stark hierarchietreuen Vorgänger sind immer noch ein unbewusstes Vorbild. Ihr Kommunikationsstil ist elegant, zurückhaltend und eher indirekt. Heute geht sie immer noch durch Phasen hohen emotionalen Stresses. Dann kann es sein, dass sie ungerecht agiert und sich nicht im Griff hat. Dies ist ihr bewusst. Konsequenzen ihres Handelns wägt sie zumeist nur ab, wenn es um

© Springer Fachmedien Wiesbaden GmbH, ein Teil von Springer Nature 2019
J. Malzacher, *Mut in der Arbeitswelt durch ICH-KULTUR*,
https://doi.org/10.1007/978-3-658-24809-3_3

technische Probleme in ihrem Unternehmen geht, bei Menschen vergisst sie dieses Abwägen oft. Dadurch leidet häufig ihre sonst so feine Kommunikation. Gegenüber ihren Mitarbeitern ist sie oft ungehalten, anklagend, problemorientiert – statt mit ihnen gemeinsam nach Lösungen zu suchen.

Gert Simon, ein IT Spezialist und früherer Teamleiter ist ein introvertierter, wenig entscheidungsfreudiger Mensch mit einem hohen Grad an Gewissenhaftigkeit, Stetigkeit und einer starken Hierarchieorientierung. Seine ICH-KULTUR® ist noch unterentwickelt, denn bis zu seiner überraschenden Kündigung plätscherte sein Leben ereignislos dahin. Sein besonderer Fallstrick ist seine niedrige Offenheit und starke Aufgabenorientierung sowie sein extrem monochroner Arbeitsstil. Er hält sich strikt an Vorgaben. Erst, wenn Schritt zwei vollzogen ist, kann Schritt drei kommen. Leider gelingt ihm die Umsetzung von Schritt zwei oft gar nicht erst. Hierzu fehlte ihm bisher die Flexibilität und Geschmeidigkeit. Den lockeren Umgang mit veränderten Situationen kennt er nicht. Die Kommunikation mit seiner Katze fällt ihm leichter als die mit Menschen. Er hat noch keine neue Arbeitsstelle, hadert zuweilen noch immer mit den Umständen seiner Kündigung. Wegen einer depressiven Episode hatte man ihn danach in eine Reha geschickt. Gewissenhaft, doch ohne das Gefühl der Eigenverantwortung und Motivation machte er mit, wie immer in seinem bisherigen Leben. Dass er einen neutralen Begleiter durch die Arbeitsagentur bekam, hält er für einen Glücksfall. Er ist aufmerksamer, achtet nun besser auf sich, kleidet sich feiner. Seine Gedanken reisen oft in die Vergangenheit. Zukunftsgedanken macht er sich nicht. Durch die Begegnung mit neuen Menschen hat er langsam wieder mehr Interesse am Leben. Sein Coach riet ihm mal, seine Wohnung genau anzuschauen und zu prüfen, ob er etwas verändern wolle. Auch begann er, Xylofon zu erlernen. Dies macht ihm Spaß, auch, weil es Katze Lena in Verzückung bringt. Nun hat sein Leben etwas mehr Lebendigkeit.

Wie es Gert Simon und Mine bisher ergangen ist, lesen Sie hier.

3.1   Gert Simons Erkenntnis

Gert Simon blickt auf das Schachbrett. König auf c5 und die Winzigkeit eines einsamen Bauers auf c6. Der gegnerische König auf c7. Er kennt das empfohlene Zugmuster, doch er kann sich nicht konzentrieren. Seine Augen starren auf das Schachbrett. Zugzwang. Verlieren ist keine Option. Remis ist ein ungeliebter Ausgang. Seine Gedanken schweifen ab. Er dachte immer, im wahren Leben sei das auch so. Gewinnen oder verlieren. Unangenehmes verschleiern, sich abducken, so zu tun, als wären Probleme gar nicht da. So konnte er dem Gefühl des Mattgesetztseins entkommen. Sein ganzes Leben lief musterhaft ab. Er lebte mustergültig und zu jeder Zeit regelrecht. Die Anerkennung blieb aus, im Gegenteil, man trat seine Stetigkeit mit Füßen und kündigte ihm. Sogar seine Freundin hatte ihm die Beziehung aufgekündigt. Das war der größte Schlag neben dem Verlust seiner Mutter.

„Aber Gert, was hast du? Du kennst doch den nächsten Zug!" sagt sein Freund belustigt.

„Hm, ach, ich brauche eine Pause."

Er steht auf und geht ans Fenster. In seinem Gedankentunnel wimmeln Fragen über Fragen. Muster und Regeln? Gehorsam und unauffällig sein? Ja nicht ausbrechen? War dies alles richtig? Stumm dreht er sich zu den Freunden um und geht zur Tür.

„Spiele du für mich zu Ende, ich muss kurz raus."

Vor der Haustür bleibt er stehen, steckt seine Hände in die Hosentaschen und inhaliert die frische Winterluft. An die Hauswand lehnend schließt er die Augen und öffnet sie wieder. Sein Herz pocht. Energisch schüttelt er den Kopf. „Was ist richtig und falsch?" Ein tiefer Seufzer, dann geht er zurück zu seinen Freunden.

„Was ist?", fragt sein Freund, der eben das Schachbrett einpackt. „Ja. Was hast du gemacht?", fragt der andere.

„Lasst uns rüber ins Pub gehen."

Die beiden Freunde drehen ungläubig die Köpfe zueinander. „Hey, Gert, das ist ja neu!", ruft der eine. „Krass!", echot der andere.

„Wir brauchen Tapetenwechsel. Unsere Treffen laufen immer gleich ab!" Während er das Futter für Katze Lena vorsichtig in ein Schälchen häuft und es ihr hinstellt, packen die anderen ihre Jacken.

„Hört, hört", murmelt der eine während er einen dicken Schal um den Hals wickelt. „Na, da bin ich gespannt!", sagt der andere laut in den Raum hinein. Gert Simon kramt in der Manteltasche nach seiner Mütze.

„Es ist Zeit, die Augen aufzumachen!"

Perplex schauen sich die beiden Freunde an. „Was ist mit dir passiert?"

„Ich weiß es nicht", sagt Gert Simon vor sich hin, „aber es fühlt sich gut an. Tschüss, Lena!"

Leise fällt die Tür hinter ihnen zu.

Eine offene Rechnung. Entschlossen presst Gert Simon den Senden-button. Die E-Mail ging an seine Freundin, die ihn vor drei Jahren so unverhofft verlassen hatte und seine Fragen bis heute nicht beantwortete. „Ghosting" nennt man dies, so las er neulich in einer Zeitschrift. Damals war er in ein tiefes Loch gefallen. Seitdem scheint ihm seine Beziehungswelt unwirklich. In letzter Zeit fällt ihm immer wieder auf, wie menschenscheu er geworden ist. Mit Mine, seiner Parkbankfreundin, war das anders. Sie hatte es ihm leicht gemacht, sich zu öffnen. Nun ist der Kontakt nur sporadisch. Die wachsende Distanz zwischen ihr und ihm spürt er immer deutlicher.

Positionierung hatte sein Berater bei der Agentur verlangt. Er solle nicht so unsicher rüberkommen. Eine dunkle Wolke, die Gert Simon wie ein schwerer Mantel umgäbe, nehme er wahr, sagte er dem Berater. Wie kann er sich da positiv darstellen? Seine damalige Freundin war ein Anker gewesen. Sie hat ihn verlassen. Am Grab seiner Mutter holen ihn seine negativen Erfahrungen immer wieder ein. Manchmal erdrückt ihn das Gefühl der Ver-lassenheit. Dann überkommt ihn dieses abgrundtiefe Dunkel. In solchen Situationen betäubt er sich mit Bier und Schnaps. Sie lassen ihn schlafen. Am nächsten Tag setzt sich die Tristesse fort. Sporadische Albträume und das unaufhörlich fragende Hintergrundrauschen. Dieses möchte er drin-gend loswerden. Antworten fehlen. Seine Freundin verschwand damals ohne Abschied aus seinem Leben. Nie wieder meldete sie sich. Keine E-Mail, kein Brief, keine Whatsapp-Nachricht. Ihr Facebook-Konto war für ihn nicht mehr zugänglich. Schweigen. Noch immer empfindet er dies als emotionale Folter. Sein Körper schmerzt vor Anspannung.

Da steht er auf, öffnet das Fenster. Katze Lena springt herein. Zärtlich strei-chelt er über ihr weiches Fell und lächelt. Dann schaut er auf. „Verdammt! Was lasse ich mit mir machen?", murmelt Gert Simon während er das Fens-ter mit Wucht schließt. Katze Lena springt vom Fensterbrett auf ihren Lieb-lingssessel. Wie versteinert starrt Gert Simon in den dunklen Märzhimmel. Das Klingeln des Telefons ignoriert er. Minutenlang rührt er sich nicht. Seine Gedanken wandern zurück in die Zeit, wo alles noch in Ordnung schien. Mit einem lauten Seufzer beendet er seine Reise in die Vergangenheit. Seine Hand streichelt Katze Lenas Kopf. „Jetzt. Jetzt ist alles anders", sagt er vor sich hin. „Ich gebe der Vergangenheit zu viel Macht, nicht wahr? Jetzt ist jetzt." Er steht auf, nimmt seine Jacke und geht aus der Wohnung.

Tipp

Was könnte Gert Simon gegen seine negativen Gedanken tun?

Tipp

Was kann zu Gert Simons Zuversicht und Motivation beitragen?

3.2 Was könnte Gert Simon gegen seine negativen Gedanken tun?

Wenn unsere negative Stimmung die Übermacht gewinnt, uns Ärger, Traurigkeit oder Ängste länger als ein paar Tage begleiten, sollten wir dringend das Gespräch suchen. So können wir unsere Seele erleichtern, statt unseren Körper zu stressen. Stress fühlt unser Körper ganzheitlich, der gesamte Organismus leidet unter negativen Gefühlen. Wenn wir ihn dann noch zusätzlich durch exzessiven Alkohol- oder Drogenkonsum, ungesundes Essen, Bewegungsarmut, Mehrarbeit und Genussdefizit oder aber zu häufig durchfeierte Nächte oder übertriebene Übungsfolgen im Fitnessstudio als Ablenkungsaktionen belasten, kann er durch die entstandene körperliche und geistige Unausgewogenheit erkranken. Jeder gute Arzt fragt nach psychischen und physischen Belastungen, sollten wir ihn wegen unklarer Krankheitsgefühle, Allergien, Tinnitus, Schwindel, Herzrasen, Unverträglichkeiten aufsuchen. Da sich rund 80 % der in Arztpraxen berichteten Symptome nicht auf organische Korrelate zurückführen lassen, besuchen Ärzte heute Pflichtkurse in „Psychosomatischer Grundversorgung" (Netzwerk für Gesundheit Berlin 2018).

Langsam erkennt Gert Simon, dass er sich vom Leben isoliert. Seine Freunde kommen zwar hin und wieder zu Besuch, doch ein hochwertiges Gespräch im Sinne einer echten Freundschaft kann und möchte er nicht mit ihnen führen. Freunde sind wichtig, wenn es uns schlecht geht. Auch Familienmitglieder können Freunde sein. Wichtig ist, dass wir es wagen, uns ihnen zu öffnen. Wer alles in sich hinein frisst, den frisst der Stress innerlich auf. Freunde können uns helfen, andere Perspektiven einzunehmen, doch sie sollten uns während unseres emotionalen Stress NICHT mit Aussagen kommen wie „Das wird schon wieder" oder „Die Zeit heilt alle Wunden". Damit bremsen sie einen Dialog, der nötig ist, um neue Sicht auf die Dinge zu ermöglichen. Umsicht durch das Gegenüber kann in Betroffenen Einsichten generieren, aus denen sich weitsichtige Aktionen herleiten lassen. Wenn wir als Führungskräfte oder Freunde andere Menschen, Kollegen oder Mitarbeiter als bedrückt wahrnehmen, sollten wir mit ehrlichem Interesse auf sie zugehen und ihnen ein Gespräch anbieten. Statt ihnen unverständliche E-Mails zu schicken, auf sie hinunterzureden, Ratschläge zu erteilen oder sie gar zu ermahnen, sollten wir ihnen auf Augenhöhe begegnen.

Um aus der negativen Gedankenspirale herauszukommen, müsste Gert Simon als erstes erkennen, dass Besserung schon auf ihn wartet. Hierzu braucht er einen Impuls, welchen er am leichtesten von anderen Menschen bekommt. Menschen brauchen Menschen. Ein guter Freund, ein guter Kollege, eine gute Führungskraft ist aufmerksam, achtsam und menschlich. Menschen mit emotionalem Stress, ich nenne ihn Seelenschmerz, fällt es erfahrungsgemäß schwer, den ersten Schritt zu tun, weil Seelenschmerz inaktiv macht. Die durch ein vertrauensvolles Gespräch entstandene Klarheit kann Vertrauen und damit ein Sicherheitsgefühl für beide Seiten vertiefen. Wenn eine neue Balance erreicht ist, darf sich der Betroffene selbst an seine Eigenverantwortung erinnern und etwas für seine mentale Resilienz tun. Hierzu gibt es eine Vielzahl an Kurs- und Coachingangeboten, z. B. „Mentale Resilienz entwickeln" (www.maxalive.de).

Tage später sitzt Gert Simon seinem Coach gegenüber und schaut ihn mit offenem Blick an: „Es ist nichts Besonderes passiert, aber ich fühle mich besser, irgendwie leichter."

„Das sehe ich und finde ich sehr schön", erwidert sein Coach. „Was möchten Sie tun, um dieses Gefühl zu behalten?"

„Das weiß ich nicht. Doch, ich habe gemerkt, dass ich mich an meinem alten Leben festhalte und meine Gefühle sozusagen einmauere. Ich denke nur an Negatives. Dadurch bin ich unfrei. Ich möchte innerlich frei sein."

Wenn Sie ihre seitherige Gefühlssituation als Farbe beschreiben würden, wie sieht diese aus?"

Gert Simon überlegt nicht lange: „dunkel, grau, trist und langweilig."

„Wie soll die Farbe Ihres zukünftigen Lebens aussehen?"

Gert Simon schaut aus dem Fenster in den hellen Märzhimmel. „Blau? Ja, ein zartes Blau, ohne dunkelgraue Regenwolken", denkt er und sagt: „Hellblau".

Er lehnt sich zufrieden in den bequemen Sessel des Coachingzimmers, seine Augen werden zu Schlitzen und sein Mund verzieht sich zu einem kleinen Lächeln.

„Das lassen wir so stehen."

„Ich möchte mich erkundigen, was Ihr bestes Erlebnis in den letzten zwei Wochen war, Herr Simon. Sie erscheinen gelöster."

Gert Simon rutscht auf dem Sessel nach vorne und setzt sich aufrecht hin, die Hände auf den Knien.

„Ich habe meiner Freundin, die mich vor ein paar Jahren einfach so verlassen hat, zum ersten Mal eine E-Mail geschrieben, ohne eine Antwort zu erwarten. Sie hat geantwortet." Seine Augen leuchten.

„War das seit der Trennung zum ersten Mal?"

„Ja. Und – sie hat einem Treffen zugestimmt. Das war eine grandiose Überraschung für mich."

„Ich sehe, dass Sie das freut."

„Natürlich, endlich werde ich Antworten auf meine Fragen bekommen. Dann kann ich ruhig sein. Ich möchte sie ja nicht zurück, aber ich brauche einen Abschluss."

„Das kann ich verstehen. Wann ist das Treffen?"

„Das ist noch nicht klar. Im Moment bin ich nur froh, dass sie mich nicht weiter ignoriert. Wir hatten ein sehr inniges Verhältnis, finde ich. Da verschwindet man nicht so mir nichts, dir nichts in den Äther, oder?"

„Gut, dann warten wir ab, welche Auswirkung das Treffen auf Sie haben wird. Falls Sie danach einen Termin möchten, melden Sie sich gerne."

„Ja. Danke."

„Darf ich fragen, wie Sie das Hellblau in ihr Leben bringen möchten?"

„Hm – meine Katze bekommt ein hellblaues Halsband. Das kaufe ich gleich, wenn ich hier weggegangen bin." Gert Simon schaut auf die Uhr und steht lächelnd auf. Können wir heute früher Schluss machen? Ich möchte jetzt gleich zur Tierhandlung gehen."

„Und ich bin gespannt, was Sie in Ihrem Leben noch in Hellblau verwandeln werden. Wir sehen uns Ende März wieder. Bis dahin alles Gute und viel Glück beim Arbeitsberater, Herr Simon."

3.2.1 Gert Simon lässt los

Tage später bemerkt Gert Simon beim Aufräumen das Blinken des Anrufbeantworters. Schnell drückt er auf die Taste. „Hallo Gert, Mine hier. Schade, dass ich dich nicht erreiche. Es tut mir sehr leid, dass ich nicht geantwortet habe. Ich schreibe dir eine E-Mail. Liebe Grüße."

Er setzt sich zu Katze Lena in den Sessel, lächelt und schaut aus dem Fenster in den Himmel. „Mine", murmelt er, „immer wieder im richtigen Moment zur Stelle". Er schaut hinaus in das Hellblau des sonnigen Märzhimmels, steht auf und öffnet das Fenster. „Komm Lena, frische Luft schnappen!" Als sie in ihre Astgabel gesprungen ist, klimpert er auf seinem Xylofon das Übungsstück von letzter Woche. Stolz ist er auf seine Spielfortschritte, der Musiklehrer ist zufrieden. Seine Augen werden zu Schlitzen, dann endet er mit einem lauten Schlag, wirft die Schlägel energisch auf das Sofa und geht eilig ins Schlafzimmer.

Dort stapeln sich noch immer halb gefüllte Pappkartons entlang der Wand. Er packt die auf dem Bett zurechtgelegten T-Shirts, Hemden und Hosen in Kartons. Mit einem Marker malt er ein rotes Kreuz auf den Karton. Alles erinnert ihn an die alte Arbeitsstelle. „Weg damit!", sagt er mit fester Stimme vor sich hin. Er schaut auf die Papierstapel neben seinem Kleiderschrank. „Altes Zeug!", unbeirrt wirft er Systemanleitungen, Ordner und Computerzeitschriften in einen weiteren Karton. Da klingelt das Telefon.

Konzentriert hört er sich die Erklärungen der Dame der Personalabteilung einer IT-Firma an. Sie meldet sich auf seine Bewerbung.

„Oh, ja, ah ja, das freut mich! Gerne, danke sehr. Ja – in Ordnung. Ich erwarte Ihre E-Mail mit den Terminvorschlägen. Sehr gerne, danke Frau Angelo."

Als er das Telefon auflegt, bleibt er kurz stehen und schaut vor sich hin. Seine Mundwinkel gehen nach oben, er klatscht in die Hände und marschiert erhobenen Hauptes zurück ins Schlafzimmer. Hektisch packt er die restlichen Sachen ein und stellt die Kartons vor die Apartmenttüre. Dann beginnt er, die Möbel im Schlafzimmer zu verschieben. Die Migränetabletten auf der Kommode wirft er in die Schublade. „Lange nicht gebraucht." Der Herrendiener, den ihm seine Mutter geschenkt hatte, muss raus, die Kommode auch, stattdessen ein Sessel? Eine Stehlampe in die Ecke? Die Wände wird er neu streichen.

3.2.2 Was kann zu Gert Simons Zuversicht und Motivation beitragen

Drei Menschen bewegen Gert Simons Leben. Sind sie sich ihres Einflusses auf seine Stimmung bewusst? Der Coach, der ihm als Begleiter durch die Maßnahme der Agentur für Arbeit zur Seite gestellt worden war und seine Aufgabe ernsthaft ausfüllt. Mine, die wohlmeinende, pflichtgetreue Bekannte im Hintergrund und Frau Angelo, die Recruiterin. Durch ihre eingeengte Sichtweise und die bewahrende Haltung demotivieren ihn seine Freunde eher.

Auch Kollegen und Führungskräfte nehmen Einfluss auf uns, zu jeder Zeit. Als Führungskraft sind wir zu unentwegt im Fokus, auch wenn wir nicht anwesend sind. Als Führungskraft sind wir Modelle. Mit Glück, Herz und Verstand werden wir manchmal sogar zum Vorbild für andere. In unserem beruflichen System beeinflussen wir Vertrauen, Stimmung und Motivation unserer Systemelemente, d. h. Kollegen, Mitarbeiter und Vorgesetzte, so wie diese unsere Stimmung beeinflussen. Dies tun wir durch unsere ICH-KULTUR®, die uns Einsicht und Umsicht lehrt. Es wird noch eine Weile dauern, bis Gert Simon bereit sein wird, dies zu erkennen, zu aufgeladen ist er mit alten, unbehandelten emotionalen Themen. Die gilt es erst einmal zu verabschieden. Gelinde beginnt er nun aufzuräumen, seinem Leben eine neue Struktur zu geben, neu zu gestalten. Durch ein zaghaftes sich öffnen für Neues, seine wachsende Neugier und die kleinen Veränderungen seiner Sichtweise kann Gert Simon langsam ein neues Gefühl der „Selbstwirksamkeit" kennenlernen. Voraussetzung ist eine angstfreie Haltung und eine sichere Umgebung. Diese fühlt Gert Simon im Park bei seiner Bank, vielleicht hat er in ihrer Nähe und unter dem Ahornbaum eine Art Heimatgefühl entwickelt. Dieses wird solange ein Anker für ihn sein, bis er aus seinem jetzigen Kokon hinausgewachsen ist.

Wenn wir uns selbst oder sich Kollegen in ähnlichen Situationen befinden, wissen wir nun, dass wir für einen Anker sorgen können. Manchmal ist eine gute Arbeitsstätte der Anker, wenn Menschen zu Hause viele Probleme haben. Als Führungskraft sollten wir uns dessen bewusst sein.

3.3   Mine auf der Suche nach sich selbst

„Ich bin da, ich bin ganz da. Es gibt nichts zu tun und nichts zu denken. Ich sitze aufrecht und sitze aufrichtig hier", die liebevolle Stimme am Ende des Raumes wiederholt, ein zarter, eindringlicher Gong bittet die Teilnehmer unausweichlich zur Stille.

„Jetzt gibt es kein Entrinnen, das musst du jetzt aushalten. Halte durch!", motiviert sich Mine und rückt ihren Po ein letztes Mal auf dem kleinen

Holzbänkchen zurecht. Sachte bewegt sie ihre eiskalten Zehen in dicken Wollsocken. Vor Kälte fällt es ihr schwer, sich einzulassen. Innerlich vibriert es in ihr. Energisch befiehlt sie sich Stille. Ja nicht die Andacht der anderen stören, befiehlt sie sich. Ihre Nase kitzelt. Verstohlen sucht sie ihr Taschentuch hinter dem gestickten Bund ihres dicken Pullovers. Die unangenehme Ausdünstung ihres Nachbarn zur Rechten baut sich wie eine undurchdringliche Wolke neben ihr auf. Sie blinzelt mit einem Auge und sieht den weit geöffneten Mund ihres gähnenden Gegenübers auf der anderen Seite des Meditationsraumes. Schnell schließt sie ihre Augen und versucht zu fokussieren. „Nichts denken!", befiehlt sie sich. Dann wird sie ruhig. Die regelmäßigen Atemzüge ihres Nachbarn zur Linken werden immer lauter. „Pass auf, möglicherweise schläft er ein und kippt im nächsten Augenblick herüber." Nervös zappeln ihre frostigen Zehen in den dicken Wollsocken. „Wie kann man einen Meditationsraum nur so kalt halten!" Ärgerlich reißt sie die Augen auf und schaut in die hohen Dachbalken über sich, „keine Isolierung!". Missbilligend schließt sie schnell die Augen. „Jetzt hab dich nicht so, halte durch, bald ist die Stille vorbei und der Herr zur Linken wacht auf, der Geruch zur Rechten wird verschwinden, dann nichts wie raus und ins Warme." Zuversichtlich rückt sie ihr Inneres zurecht, da ertönt der Gong. Alle stehen auf und machen sich bereit für die nächste Gehmeditation. Artig macht Mine mit. „Hoffentlich nur eine Runde", sagt sie sich und betrachtet den Allerwertesten ihres Vordermannes. „Schicke Jeans, knackiger Hintern", ihr Blick wandert über seinen breiten Rücken zu seinem Kopf. Sie sucht einen Punkt am Hinterkopf ihres Vordermannes, wie der Gruppe aufgetragen worden war. „Sind Stoppelfrisuren heute nicht out?" Dann ermahnt sie sich: „Du denkst an das Falsche." Schnell schaut sie auf die Füße des Vordermannes. „Der hat ein Problem mit der Balance beim meditierenden Gehen, das Abrollen fällt ihm sichtlich schwer. Sicher hat er auch kalte Füße", überlegt sie. Da ertönt der Gong. „Zügig zurück zum Platz in derselben Konzentration", ist die Ansage der zarten Stimme. Mine beschleunigt ihren Gang. Der Vordermann ist im Weg. Im echten Leben hätte sie ihn überholt, denkt sie noch als sie an ihrem Platz ankommt. Mit allen anderen verbeugt sie sich zum Abschluss.

Den restlichen Tag begeht Mine in ihrer eigenen Stille. Fest eingepackt durchstreift sie die sonnendurchströmte fränkische Reiflandschaft. Am Mainufer begegnen ihr hin und wieder ein Hundefreund und sein fröhlich schnüffelnder Kamerad. Sie lächelt. Gut, dass heute Kontemplation angesagt ist. Mit sich allein sein tun ihr gut. Wie bunte Bänder in der Brise des blauen Februarhimmels wirbeln ihre Gedanken herum. Einer verheddert sich in einem anderen, verweilt eine Zeit lang und weht davon. Das angeregte innere Treiben lässt sie mit Neugier geschehen. Ungesteuertes Kommen und Gehen, Loslassen und Festhalten. „Zeit für meine Art der Kontemplation", denkt sie und reckt ihre Nase hoch in die klare Luft, atmet die frostige Brise und verspürt ein kurzes, fröhliches Hüpfen in der Brustgegend. An einer Bank bleibt sie stehen, lehnt sich lässig an deren Rücken. Ihr Blick streift über das beinah unbewegliche Fließen des Flusses, hinüber zum anderen Ufer. In diesem Moment setzt sich dort eine Person auf eine Bank und eine andere kommt aus einer anderen Richtung dazu, bleibt kurz stehen und winkt kurz und geht weiter. Gespannt schaut Mine auf die Szene. „Gert!", murmelt sie. „Ich muss Gert antworten." Ihr Herz pocht, sie dreht um, ihr Schritt wird schneller. „Wie konnte ich ihn nur so ignorieren!", schimpft sie sich. Unvermittelt bleibt sie stehen. „Stopp", erinnert sie sich. Ihr Coach hatte einmal gesagt: „Wir können Stopp sagen, wenn sich etwas in unsere Gedanken schleicht, wofür unsere Verantwortung nicht nötig ist. Fragen Sie sich immer wieder: Was ist meines und was ist deines?" Sie schaut hinauf in den klaren Himmel. „Braucht Gert meine Verantwortung?" Minutenlang verharrt sie. Nachdenklich, mit gesenktem Kopf geht sie zügig zu ihrem Parkplatz. „Nein, aber etwas Fürsorge." Sie legt die Hände auf das Lenkrad und lächelt.

> **Tipp**
>
> Was fehlt Mine, damit sie sich einlassen kann?

> **Tipp**
>
> Was könnte Mine gegen ihre negative Stimmung tun?

3.3.1 Was fehlt Mine, damit sie sich einlassen kann?

Viele meiner Klienten verordnen sich Klosteraufenthalte als wäre es Medizin. Pille einwerfen, Wirkung abwarten und weiter nichts selbst für Besserung tun. Wenn wir ernstlich krank sind, braucht es Pillen. Wenn wir durch Dinge überlastet sind, die uns „nahegehen", sind wir zunächst nicht ernstlich krank und brauchen nicht gleich ein chemisches Gemisch, das unser Körpersystem mit Nebenwirkungen beeinträchtigt.

Mine ist ein Beispiel für die Suche nach einer schnellen Lösung durch eine Pille. Möglicherweise hofft sie, der Klosteraufenthalt könne ihre Probleme einfach wegzaubern. Sie muss nichts weiter tun, als sich ein Klosterwochenende zu gönnen. Doch da spielt ihr ihre perfektionistische Haltung einen Streich. Statt sich einzulassen, ärgert sie sich über die Gegebenheiten im Meditationsraum. Es fehlt ihr der wohlwollende Zugang zur Meditation, sieht sie Meditation doch eher als Instrument für ihre eigene Besserung als was diese Übung wirklich sein soll. Meditation soll uns Erleuchtung bringen über unser Sein und die Welt um uns. Tiefer schauen und erkennen, dass unsere Gedankenmuster und Verhaltenstendenzen oft zu unserem inneren Leiden führen. In einem Portal für Ethik und Achtsamkeit schreiben Experten, es brauch innere Freiräume. Diese sind das Ziel von Meditation (www.ethik-heute.org/wozu-meditieren/). Positive, heilsame Tendenzen wie Erkenntnis, Großzügigkeit, Güte und Mitgefühl zu kultivieren, können nur entstehen, wenn wir uns wahrhaftig einlassen.

Mine braucht jetzt eher Bewegung statt Bewegungslosigkeit. Sie ist noch nicht reif für eine wirkungsvolle Mediation. Ihrer Intuition folgend, geht sie in die Natur. Dort erfährt sie einen wichtigen Impuls. In Erinnerung an Gert Simon und ihre unerfüllte Pflicht, ihm zu schreiben, kommt ihr die Aussage ihres Coachs in den Sinn. Sie fragt sich nach ihrer Verantwortung für Gert. Da erkennt sie, dass es Dinge gibt, für die sie gar nicht verantwortlich ist. Diese Einsicht ist ein wertvolles Ergebnis ihrer Auszeit. Der Klosteraufenthalt setzte einen wesentlichen Impuls für ihre Zukunft, denn ihre Erkenntnis kam ganz und gar aus ihr selbst.

3.3.2 Mine antwortet Gert Simon

„Lieber Gert,
eine lange Zeit ist vergangen, seit ich auf deinen AB sprach. Vielen Dank auch für deine E-Mail. Es tut mir leid, hoffentlich bist du mir nicht böse, ja?
Ich habe viel um die Ohren, im Betrieb geht es drunter und drüber. Meine Mitarbeiter machen viele Fehler. Täglich ärgere ich mich, komme nicht mehr zu mir, nichts klappt. Weil ich so gestresst bin, genehmigte ich mir ein Kontemplationswochenende. Ob es hilft, weiß ich noch nicht. Ich lerne Meditation, doch die Konzentration auf die Stille und auf mich selbst fällt mir schwer.
Immerhin schreibe ich dir jetzt. Zum Telefonieren fehlt mir die Lust. Ich mag meine Stimme nicht mehr hören.
Wie geht es dir? Hast du einen neuen Job? Warst du im Park?
Wenn es richtig Frühling ist, treffen wir uns wieder, nicht wahr? Vielleicht hast du Lust zurückzuschreiben?
Viele Grüße Mine"

3.3.3 Was könnte Mine gegen ihre negative Stimmung tun?

Mine ist zwar einen Schritt weiter, indem sie ihren „inneren Helfer" an die Kandare nimmt, weil sie erkennt, dass sie sich nicht für alles und jedes verantwortlich fühlen sollte. Dennoch ärgert sie sich noch immer über sich selbst. Ihr großer Leistungswille verlangt Perfektion. Diese erwartet sie auch von ihren Mitarbeitern, ohne zu erforschen, woher deren Minderleistung kommt. Nun hält sie ihre eigene Performance für ungenügend. Früher gelang es ihr, nach außen ein anderes Bild zu geben als sie in ihrem Inneren von sich hatte. Nun kann und möchte sie sich nicht mehr verstellen. Doch Gert will sie ihre genervte Stimme nicht zumuten. Muss sie ihn schützen?

Möchte sie nicht selbst einen Menschen mit einem offenen Ohr, jemand, der sie versteht? Kann Gert dieser Mensch sein? Als Freundin ist die pflichtbewusste Mine rücksichtsvoll und vorsorgend. Befürchtet sie, Gert könnte ihr etwas nachtragen? Was würde passieren, wenn Gert ihr etwas nachtrüge? Würde er sie nicht mehr mögen? Wäre dies ein Verlust für sie?

Als Führungskraft versagt sie hin und wieder kläglich, weil sie vor Ärger und Traurigkeit eine unklare Haltung zeigt. Ihre Stresskaskade ist in vollem Fluss, während ihr Ärger zunächst auf der Angst um ihre Firma gründet. Im Weiteren sieht sie sich selbst nicht mehr als „in Ordnung". Wenn es Menschen so geht, ist dies für diese verständlicherweise unangenehm und ärgerlich und macht traurig.

Weil Mine aus der Spirale nicht herauskommt, gelingt es ihr nicht, konsistent und nachhaltig positiv zu denken. Sie braucht einen Menschen, der ihr zuhört und dem sie vertraut. In ihrem Falle ist es immer wieder ihr Begleiter, der Coach. Er ist jedoch nicht uneingeschränkt verfügbar. Seine Aufgabe ist es, Klärung herbeizuführen und neue Perspektiven entstehen zu lassen, zusammen mit ihr Strategien zu entwerfen, die sie umsetzen wird. Ein IPC*-Consultant ist zwar dafür ausgebildet, Menschen mit negativen Gefühlen durch Aspekte der Grief Recovery Method* (Friedmann und James 2009) zu helfen, doch auch er ist nicht uneingeschränkt verfügbar. Bei MaxAlive helfen wir Menschen, die mit jede Art von Verlusterlebnis umgehen müssen bis hin zum Tod von Nahestehenden.

Oft fühlen wir uns allein mit unserem Kummer. Dann gilt die Faustregel „Hinaus in die Natur". Wenn es uns gelingt, diesen Schritt zu tun, zeigen wir unserem Herzen, dass es uns wichtig ist. Wir tun etwas für unsere seelische und körperliche Gesundheit. Die Natur offeriert uns ein riesiges Geschenk ohne Kosten. In der Natur sollten wir innehalten, uns ein ruhiges, interessantes oder aufwühlendes Plätzchen suchen. Vielleicht ist es die Bank am Waldrand, ein tosender Gebirgsbach oder eine Blumenwiese, ein frisch gemähter Hang mit dem Blick ins Tal, ein lichtdurchfluteter Pfad unter einem Blätterdach oder ein einsamer Strandabschnitt am Wasser. Wir brauchen Rückzugsorte, die sich uns, ohne Leistungsverpflichtung, in unserem gewohnten Lebensumfeld anbieten. Dort können wir in uns hineinfühlen und so erkennen, was es wirklich ist, das unsere Hintergrundstimmung, das stetige negative Summen, unsere schlechte Laune verursacht. Unser Unterbewusstsein macht sich bemerkbar durch die schlechte Laune. Wir sollten uns solch einen leicht erreichbaren Rückzugsort suchen, dort hingehen, wenn uns alles zu viel wird. Im Arbeitsalltag können wir ein Bild betrachten, uns unsere Lieblingslandschaft vorstellen und so unser Gehirn beruhigen. Wenn wir merken, dass uns die Fliege an der Wand stört, ist es höchste Zeit, sich an das zu besinnen, was wichtig ist, nicht was dringend ist.

Darüber hinaus gilt die 2 + 10-Regel zur Entspannung des Gehirns. Zwei Stunden konzentrierte Arbeit und danach 10 min Pause. Raucherpausen zählen nicht, denn sie bringen womöglich noch mehr Aufwühlung durch die laute Umgebung am Raucherplatz außerhalb des Firmengebäudes und die Flurfunk-Geschichten von Kollegen.

Literatur

Friedmann R, James JW (2009) The grief recovery handbook, 20th Anniversary Edition, Harper Collins, New York

MaxAlive – Stark im Leben, Kurse für mehr Mentale Resilienz und die Grief Recovery Method, Heidelberg

Netzwerk Ethik heute. https://ethik-heute.org/wozu-meditieren/

Netzwerk für Gesundheit GmbH (2018) Vivantes Klinikum Berlin. Institut für Fort- und Weiterbildung, Berlin

4

Ängste – Der stärkste Hinderungsgrund für Erfolg

Unsere Ungeduld, das brennende Bedürfnis nach raschem Abschließen und flinkem Weitermachen, passen nicht zu der derzeitigen Entwicklungsstufe unseres menschlichen Gehirns. Wenn wir in Kindergarten, in der Schule oder in der Ausbildung, im Sport oder Privatleben nicht so erfolgreich sind wie wir es uns vorstellen, hat dies ebenfalls meist mit Ungeduld zu tun. Dazu kommen noch Vergleiche mit den Mitmenschen. Wir gehen in Wettbewerb. Welche Eigenschaft oder Kenntnis aber vergleichen wir wann, wie und in welcher Lebensphase? Als Schüler und Studenten werden wir über einen Kamm geschert, müssen oft einem Standard genügen, den wir nicht immer teilen. Unsere Lehrinstitution bestimmt, welche Eigenschaften zu Stärken und welche zu Schwächen zählen. Unsere späteren Arbeitgeber sortieren in Assessment-Centers gemäß ihrem eigenen Standard nach Stärken und Schwächen aus. Die gesellschaftlichen Kreise, in die wir hineinstreben, haben ebenfalls ihre eigenen Standards, bei denen oft Vermögen oder intellektuelle Errungenschaften mit Ansehen gleichgesetzt werden. Immer wieder messen wir uns auf der Basis der Standards anderer. Doch was werten wir, in unserem Herzen und Hirn, eigentlich als Erfolg?

Wann ist unser Leben erfolgreich? Wann ist es sinnerfüllt? Machen viele von uns sich nicht schon in jungen Jahren ein festgelegtes Bild über ihren Werdegang und dem Erreichen von Zielen? Sind diese Ziele überhaupt passend zu unserer Person, unserem Inneren? Folgen wir nicht auch noch später in unserem Leben blind den Konventionen unserer Sozialisationsgesellschaft und neuen Konventionen heutiger digitaler Errungenschaften? Sind wir häufig nicht erst selbst mit uns zufrieden, wenn wir das Gefühl

© Springer Fachmedien Wiesbaden GmbH, ein Teil von Springer Nature 2019
J. Malzacher, *Mut in der Arbeitswelt durch ICH-KULTUR,*
https://doi.org/10.1007/978-3-658-24809-3_4

haben, von anderen anerkannt zu werden? Hängt unsere Selbstsicherheit in einem zu hohen Maße von der Akzeptanz anderer ab? Dazugehören ist ein normales menschliches Bedürfnis. Wir meinen, wir gehören dazu, wenn wir die Meinung einer Autorität teilen. Oft geben wir marktschreierischen Medien mehr Autorität als unserem eigenen Gehirn. Wir fühlen uns in sicherer Gemeinschaft von Konsumenten multimedialer TV-Sendungen, sehnen uns nach vielen Facebook-Likes für unsere Posts. Wir meinen, wir gehörten dazu, wenn wir die Gefühle von Politikern teilen, deren emotionsgeladene Salve ihrer Überzeugung uns während der Nachrichten beeindruckte. Wir fühlen uns mitten im Senderaum, wenn Nachrichtensprecher in Close-up-Aufnahme uns mit ihrer Mimik bedeuten, was sie selbst von der eben moderierten Nachricht halten. Dies ist von den Fernsehmachern gewünscht und bei den Zuschauern beliebt. Die durch die bekannten Gesichter der Nachrichtensprecher erreichte Nähe gibt uns das Gefühl der Zugehörigkeit. Unser empathisches Gehirn entwickelt beinahe eine Verpflichtung, in den Medien dargebotene Gefühle zu teilen. So umgeben wir uns mit einer schweren Hülle permanenter Negativschlagzeilen, entwickeln langfristig eine negative Grundstimmung. Weil Gefühle nicht abschaltbar sind, fehlt uns ein rationaler Zugang zur offerierten Information. Wir schwimmen mit dem Strom der permanenten Angstmache. Haben wir seit 9/11 mehr Angst? Fühlen wir uns durch die angstmachenden Nachrichten immer stärker bedroht?

Angst, so sagt man, ist kaum zu verstehen für jemanden, der sie nicht selbst empfindet. Ist es hier nicht wie mit jedem Gefühl? Können wir die körperlichen Schmerzen eines anderen Menschen empfinden? Nein, wir können uns nur die Erfahrung unserer eigenen Schmerzen in Erinnerung rufen. Unser empathisches Gehirn kann sich daraufhin hineinfühlen in den anderen und in der Folge kommunizieren, dass wir uns hineinfühlen. Wichtig ist dabei, dass wir dem Menschen, der uns wichtig ist, mit Umsicht begegnen, damit er erkennen kann, dass wir, als Gruppenangehörige, seine Gefühle respektieren.

Wir sind soziale Wesen und brauchen die Gruppe. Doch wer ist jeweils die Gruppe, die in der einen oder anderen Lebensphase zu uns passt? Antworten hierzu stecken in dem Begriff ICH-KULTUR®. Sie beschreibt die Kultivierung des Selbst, das Selbst, welches wir zunächst kennen sollten. Wie alle Menschen lernen Gert Simon und Mine Einsicht erst durch Reflexion über die Wirkung ihrer gemachten Erfahrungen. Schlechten Erfahrungen kann man oft auch einen positiven Aspekt abgewinnen. Damit meine ich den damit verbundenen Lerneffekt. Hinter positiven Erfahrungen lauert eine Falle, nämlich, dass wir diese Erfahrungen nicht in weiteren

Augenschein nehmen, sondern nur den mit ihnen verbundenen Erfolg und die Anerkennung genießen. In der Folge machen wir weiter wie bisher, ohne zu schauen, ob wir noch auf unserer persönlichen Spur sind.

4.1 Gert Simon und die Angst

Durch die überraschende Kündigung wurde Gert Simon mit Wucht aus seiner Spur geworfen. Sein Leben hatte ihm bisher keine Einsichten abverlangt, im Job übte er kaum Umsicht, das wird ihm langsam klar. Nun ist er gezwungen, sein Leben neu zu gestalten, eine frische Spur zu finden. Der Verlust von Gewohnheiten macht ihm Angst. Auch fürchtet er sich vor Unbekanntem. Da sich das Neue noch nicht zeigt, fürchtet er, es nicht zu finden. In seinem bisherigen Leben erlitt er viele Verluste, die traurige Gefühle und Ärger in ihm generierten. Seine Partnerin verließ ihn ohne Worte, er verlor seine Arbeitsstelle, ebenfalls ohne Erklärungen. Seine Mutter, die sein Anker war, starb an einer schweren Krankheit. Seinen Vater kennt er nicht. Auf seine Freunde kann er nicht zählen, das hat er eben erst verstanden. In letzter Zeit ärgert er sich immer öfter über sie. Sie sind für ihn nicht mehr in Ordnung. Er schaut auf sie herab. Unbewusst spürt er, dass er nun auch seine Freunde verlieren kann. Eine neue Sorge macht sich breit, die Angst vor dem Alleinsein. Wem begegnet Gert Simon eigentlich auf Augenhöhe? Die Transaktionsanalyse der Gestaltpsychologie nach Eric Berne erklärt, wie Menschen aufgrund ihrer inneren Einstellung anderen Menschen begegnen (Berne 2016). Wenn unsere innere Einstellung als Mitarbeiter auf negativen Gefühlen beruht, kann eine gute Zusammenarbeit nicht leicht gelingen. Wenn Gert Simon Erfolg haben möchte, indem er eine neue Arbeitsstelle findet, sollte er seine negativen Gefühle ablegen. Dies funktioniert jedoch nicht mit dem puren Wunsch. Wer mit seinen ureigenen Schicksalseinflüssen umgehen möchte, hat Arbeit vor sich, Denk- und Gefühlsarbeit.

Schicksalseinflüsse oder deren manchmal dramatische Ausprägung und Aneinanderreihung sind Teil unseres Lebens. Sie zu steuern, ist nicht möglich; ihre Vehemenz auszuhalten oder gar abzuwehren, geht nur durch entwickelte Resilienz. Eine Lebensaufgabe, denn wir werden nicht geboren mit Widerstandskraft (Kalisch 2017). Manche Menschen lernen Resilienz unbewusst. Wollen wir dieses Lernen dem Zufall überlassen? Früh sollten wir damit beginnen, zu unserem eigenen Schutz und für unsere gute Führung. Hierbei meine ich Eigenführung. Durch gute Eigenführung wird faire Mitarbeiterführung leichter. Schon Seneca (Schöneberger 1988) beschrieb dies. In seinem neuen, philosophischen Buch beschreibt Albert Kitzler

Senecas Sichtweise zu einer „präsenten Geisteshaltung" „ ... es gibt nur ein Erleichterungsmittel gegen den Druck schwersten Unglücks: Geduld und Fügsamkeit in das Unvermeidliche" (Kitzler 2017). Das Leben, wie wir es möchten, bringt bestimmte Bedingungen mit sich. Beruflichen Druck sehe ich nicht als Schicksalseinfluss, denn wir können von Menschen gemachtem Einfluss widerstehen.

Gegebene Bedingungen kann man nie mit einem Paukenschlag ändern. Wahre, nachhaltige Veränderung ist ein Prozess. Dieser vollzieht sich durch viele einzelne Schritte und Rückschritte. Irgendwann ist das Ziel erreicht. So lange müssen wir diese Bedingungen aushalten, die sich mit jedem Schritt wiederum ändern und neue Situationen hervorbringen. Unser ganzes Dasein ist Veränderung. Unsere Zellen im Körper ändern sich permanent, die Licht- und Klimaverhältnisse auf unserem Planeten ändern sich mit jeder Minute, Stunde und Zeitgeschichte. Wir wissen, dass die einzige Konstante die Veränderung ist und wollen es dennoch nicht wahrhaben. Wenn wir etwas in unserem Leben oder Mikrokosmos ändern möchten, damit es besser wird, sollten wir uns bewusst und eingehend damit beschäftigen. Wir sollten dabei immer in unseren Spiegel schauen und an unserer ICH-KULTUR® (Malzacher 2018) und damit an unserer mentalen Resilienz arbeiten. Dann haben wir nichts versäumt.

4.1.1 Mine und die Angst

Mine kommt aus einer Unternehmerfamilie. Unbewusst richtet sie sich nach Vorbildmodellen, die sie nicht überdenkt. In ihrem wissenschaftlichen Studium wurde sie nicht zum Nachdenken über Unternehmensführung gezwungen. Über Weiterbildungen in diesem Bereich denkt sie gar nicht nach. In der Hauptsache sieht sie sich als Fachexperte. Für die Rollen Manager, Leader und Steueragent hatte sie bisher kein besonderes Auge. Als Fachexpertin und Firmenlenkerin ist Mine als Vorgesetzte zweifelsohne eine Vertreterin autoritärer Führung ohne Teamgeist. Sie gibt Anweisungen, kontrolliert, ist unzufrieden und bemängelt. Die Anliegen und Bedürfnisse ihrer Mitarbeiter interessieren sie nicht. Für sie sind die Mitarbeiter menschliche Instrumente. Darüber wird sie sich erst durch die vielen Fehler in der Produktion bewusst. Die Mitarbeiter sind dabei, ihre Motivation und Identifikation mit dem Unternehmen zu verlieren. Nur sie, als Chefin, kann diese negative Entwicklung aufhalten. Doch Mine ist abgelenkt durch ihr privates Dilemma. Ihre Gefühlswelt ist aus der Balance. Ihr Coach riet ihr, einen Arzt aufzusuchen. Dieser konnte keine physiologischen Auffälligkeiten bei ihr feststellen. Daraufhin nahm sie ihr Geschick in die Hand. Mit viel Mühe gelang es ihr, den eingeschlagenen privaten Pfad zu verlassen. Sie kündigte die Rolle der Lebenspartnerin. Für Mine war dies ein mächtiger Schritt. Hierzu brauchte sie Kraft, ihre Ängste zu überwinden, den Mut zu entwickeln und mit Selbstvertrauen endlich Schritte zu tun und ihren Weg zu finden.

Momentan gelingt es ihr nicht, sich physisch und psychisch, von allem bisher Gewesenen zu trennen. Ihre Unsicherheit und das bewahrende Verhalten erlauben es ihr nicht, loszulassen von Überkommenem. Wenn Furcht vor Neuem unser Inneres regiert, kommen unsere Bewahrerinstinkte an die Oberfläche. Wir verharren im Alten. Im schlimmsten Falle werden wir vor Ohnmacht inaktiv.

Mines Mann möchte weiter den Kontakt, hält sie in Atem. Was er sucht, interessiert Mine nicht. Sie ist weggegangen von ihm, wollte nur noch ihre Ruhe, steckt immer noch den Kopf in den Sand und versucht, neu zu beginnen, ohne das Alte abzuschließen und ihrem Schmerz eine Plattform zu geben. Kann das gut gehen zugunsten ihres Seelenheils? Nun aber fürchtet sie die Konfrontation mit ihrem Mann und dessen Kontrolle. Sie vermeidet den Kontakt, sie vermeidet Gedanken an ihn. Sie verschließt die Augen vor den offenen Rechnungen, statt ihre Argumentation gut vorzubereiten. Sogar schuldig fühlt sie sich, dass sie ihn verlassen hat. Sich zu arrangieren, indem sie nach außen das Ehepaar gaben, aber jeder sein Leben lebte und den anderen zumeist in Ruhe lassen würde, kam für sie nicht infrage. Nein, selbst in einer Wohngemeinschaft empfinden die Bewohner sicher mehr Zuneigung und Respekt als sie zu ihrem Mann. Wenn sie sich eine solche Konstellation für die Zukunft vorstellt, wird ihr schwindelig, berichtete sie einmal ihrem Coach. Während ihre Selbstfürsorge kleine Erfolge hat, hat die Umsicht sich selbst gegenüber noch Potenzial? Doch diese gesellt sich erst durch Einsicht dazu. Einsicht erlaubt Perspektiven. Für die Einsicht über ihre ICH-KULTUR® und die verbundenen tiefsitzenden Prägungen, Bedürfnisse, nicht erfüllten Bedürfnisse und Befürchtungen hat sie sich bisher noch keine Zeit genommen. Ist es da verwunderlich, dass sie Ängste plagen? Wenn uns zu viele Ängste hemmen, hat Zuversicht keine Chance und kann sich kein Mut entwickeln.

4.2   Vermeidung und Mutlosigkeit

Manchmal fürchten wir uns so, den Dingen ins Auge zu schauen, dass unsere Vermeidungsstrategien größte Ausmaße annehmen. Wir begeben uns in Gefahr, die Realität zu ignorieren. Um die Konfrontation zu vermeiden, erfinden Menschen alle möglichen Ausflüchte. Die bekannteste ist Zeitmangel.

Vor Jahren, als ich noch intensiver für Konzerne arbeitete, hatte ich einen Kunden, dessen Sekretärin die Managerin seiner Termine war. Sie war genauestens informiert über alle „wichtigen" Meetings, seine Vorlieben und formalen und informellen Prioritäten. Als rechte Hand ihres Chefs organisierte sie seine Tage, erinnerte ihn an die Abfahrtszeit zum Termin, buchte Geschäftsessen, organisierte Weihnachts- und Geburtstagsgeschenke, schickte seine Hemden zur Reinigung, informierte seine Kollegen bis hin zur Familie über seine Teilnahme oder Nichtteilnahme an öffentlichen und privaten Veranstaltungen. Wenn er weite Strecken zurückzulegen hatte, chauffierte ihn ein Fahrer. Er wurde von vorne bis hinten versorgt. Zu den Meetings mit mir kam er grundsätzlich zu spät, denn diese waren nicht „kriegsentscheidend", wie man damals zu sagen pflegte. Dennoch fand er unsere Meetings wichtig für seine persönliche Entwicklung, war seine Aussage. Er hätte nicht genügend Zeit. Heute weiß ich, dass eben diese Meetings für ihn eine willkommene Beschäftigung mit sich selbst waren. Offensichtlich genoss er die wenige Zeit in seinem fremdgesteuerten Konzernleben. Die Inhalte, die ich ihm aufbereitet präsentierte, hatten immer mit seiner ICH-KULTUR® zu tun. Es war die Zeit, die er sich, möglicherweise unbewusst, für sich nahm, um „zu sich zu kommen". In seinem damaligen Leben gab es keine Wiese, keinen Waldradspaziergang zur Kontemplation. Er verbrachte sein Leben zwischen öffentlichen Terminen, stundenlangen Autobahnfahrten, zeitversetzenden Fernflügen, zwischen Durchhalten und Nachhalten für den Konzern. Seine Familie vermisste ihn ständig, das weiß ich aus deren Berichten. War ihm diese wichtig? Oft hatte ich das Gefühl, diese Lebensphase lebe er ausschließlich für seinen Konzern. Eines Tages fragte ich ihn, ob er glücklich sei. Die prompte Antwort war „Nein". Leider interessierte ihn nicht, dass auch ich Terminschwierigkeiten bekommen würde, sollte ich trotz seines Zuspätkommens unsere reguläre Trainingsdauer durchführen wollen. Manchmal fehlte er ohne Absage. Eine Zeit lang drückte ich ein Auge zu, da ich zu diesem Zeitpunkt meinen Kunden nicht lange genug kannte. Gleichzeitig stand mir meine starke Autoritätstreue und Hierarchieorientierung im Wege, die sich in übergroßem Respekt und einer ungleichen Augenhöhe zeigte. Als Lieferant wurde man in dem Unternehmen damals nicht besonders respektvoll behandelt. Mit der Zeit jedoch, begann mich, ein Ärger zu plagen. Ich erinnerte meinen Kunden an die Ernsthaftigkeit meiner Arbeit für ihn. Er hatte Verständnis, verbesserte seine Verlässlichkeit, nur um nach kurzer Zeit wieder in das alte Unpünktlichkeitsmuster zurückzufallen. Seine Unzuverlässigkeit nervte. Zu hart wollte ich dennoch nicht sein, denn ich fürchtete den Verlust eines interessanten Kunden. Oder war es die Angst, eine prestigeträchtige

Kundenfirma zu verlieren und das damit verbundene Ansehen und Marketing für meine Firma? Sehr lange wägte ich ab. Währenddessen wuchs mein Ärger. Ich war im inneren Konflikt. Dieser umspannte die Fragen, wie ich meinen Ärger loswerden wollte, ob ich den Kunden auf alle Fälle behalten wollte oder aber jede Konsequenz mutig erwarten wollte. Meine Unsicherheit gegenüber dem Kunden quälte mich. Irgendwann erkannte ich, dass ich die Konsequenzen meiner eigenen konsequenten Handlung fürchtete. Dies war der Grund für meine Mutlosigkeit. Es dauerte eine gefühlte Ewigkeit, bis mein innerer Konflikt und das damit verbundene Abwägen ein Ende fanden, war doch mein Ziel eine harmonische Beziehung mit dem Kunden und dessen Firma. Indem ich „nett" war, es allen recht machen wollte, vergaß ich meinen Selbstrespekt. Mehrere andere, ungebührliche und meine Werte angreifenden Verhaltensweisen durch andere Kunden im gleichen Unternehmen kamen dazu. Die von mir angestrebten Konfliktgespräche bestanden zum großen Teil aus manipulativer Kommunikation durch die Vertreter dieser Kundenfirma. Hinzu kamen Honorarverhandlungen, die zeigten, wie niedrig mein Service und der meiner Firma eingestuft wurden. Irgendwann war mein Selbstwertgefühl derart gebeutelt, dass ich einsah, dieses unwürdige Verhalten viel zu lange ausgehalten zu haben. Ich kündigte meinen Rahmenvertrag mit diesem Unternehmen. Am Ende war ich meinem unzuverlässigen Kunden dankbar für diese Lernerfahrung.

Von nun an wandte ich die „Three-Strikes-and-You're-Out"-Strategie an (Emert 2003). Sie stammt aus dem Baseballspiel und wird im amerikanischen Zivilrecht ebenfalls angewandt. Wenn jemand zum dritten Mal ein eklatantes Vergehen zeigt, erhält er eine lebenslange Haftstrafe. Wer mit mir zusammenarbeitet und sich nicht nach Vereinbarungen richtet, erhält er nach dem zweiten Mal ein ernstes Gespräch und nach dem dritten Mal ein Austrittsgespräch. Konsequenz trotz liebevoller Hinwendung lebe ich seitdem mit Mut. Am Anfang der Zusammenarbeit treffen wir klare Vereinbarungen, legen den Umgang mit Fehlern und Unzufriedenheit gemeinsam fest und committen uns zu stetigem Nachhalten. Das oberste Ziel ist eine vertrauensvolle Zusammenarbeit und fließende Kommunikation.

Hierzu braucht es Mut, mit dem Geschäftspartner offen und ehrlich umzugehen. In der Geschäftswelt, das lernte ich früh in meiner Laufbahn, ist dies keine Selbstverständlichkeit. Auch eine Win-win-Strategie ist keine Selbstverständlichkeit. Wir wissen, Missverständnisse und Konflikte gehören zum täglichen Leben. Wir, die wir sie erleben, haben einen eigenen Anteil daran, nicht eine Schuld. Wenn uns Gefühle überwältigen, fällt die rationale Betrachtung von Konflikten schwer. Die rationale Betrachtung von Konflikten und deren Konfrontation durch uns braucht Mut. Wenn wir Ängste in uns haben, können wir in uns kaum Mut generieren. Ohne Mut vermeiden wir lieber unbequeme Situationen. Durch Vermeidung hat jedoch auch die Einsicht auf beiden Seiten keine Chance und ohne Einsicht werden wir nichts besser machen.

Gert Simon, der als Teamleiter Anweisungen gewissenhaft abarbeitete, dem durch einen selten anwesenden Vorgesetzten Entscheidungen nicht abgefordert wurden, erkannte keine Notwendigkeit für Mut. Als Teamleiter führte er nicht, sah sich als rein Vorgesetzter. Auch seine Verantwortung für das Team war ihm nicht bewusst. Sein Chef war eine nachlässige Führungskraft. In diesem Szenario gab es nur eine geringe Chance für die Person Gert Simon sich weiter zu entwickeln. Heute versucht er, seine ihm neuerdings gebotenen Chancen zu nutzen. Dennoch fehlen ihm wichtige Einsichten, damit er mit mehr Umsicht bewusst für sein eigenes gutes Leben sorgen kann und weitsichtig, das meint in Vorausschau, handeln kann.

Wirksame Führung braucht nicht nur Mut und Vertrauen, sondern auch Kontrolle. Fredmund Malik zeigt dies mit seinen sechs Grundsätzen in *Führen-Leisten-Leben* (Malik 2014). Durch Resultatorientierung, Beitrag zum Ganzen, Konzentration auf das Wesentliche, Stärkenorientierung, Vertrauen und positives Denken erreichen wir nach Malik eine gute Führung. Was aber, wenn wir durch überwältigende negative Gefühle wie Furcht, Ärger und Traurigkeit dies alles vergessen? Trotz der Vielzahl heutiger Managementliteratur fehlt es nach meiner Erfahrung vielen Führungskräften an der Umsetzung der ach so schönen Theorie. Führungskraft heißt Führungskraft, weil sie Menschen führt, die Führung brauchen und möchten. Während noch bis vor vierzig Jahren hauptsächlich Fachexperten zu Führungskräften aufstiegen und mit patriarchischem Verhalten ihre Mitarbeiter zu Leistung antrieben, versuchte man sich seit den 1980er-Jahren an den sich ähnelnden Ideen der internationalen Vordenker Peter Drucker und Reinhard K. Sprenger. Irgendwann brach die Zeit heran, während der Inspiratoren aus den Religionen auf der Bühne der Managementberatung ihre hohe Zeit erlebten. Vor zehn Jahren kam in Mode, Sportler als selbst ernannte Experten für Motivation und Führung auf der Bühne zu bewundern oder deren persönliche Ratschläge in Büchern zu lesen. Ob die Umsetzung von flott daher gesagten Ratschlägen anderer für den Einzelnen passt, darf bezweifelt werden.

Ein Bekannter hat seit vielen Jahren immer dasselbe Handy. Es ist kein Smartphone. Seine Furcht, das Smartphone könnte sein Verhalten negativ beeinflussen, führt zu Vermeidung. Lieber kein Smartphone. Bewahrendes Verhalten verhindert hier, die Vorzüge eines Smartphones zu genießen. Ein anderer fürchtet sich grundsätzlich vor Social Media. Er erklärt mir wie grundschlecht diese seien, ohne deren Funktionen überhaupt zu kennen. Noch ein anderer schreibt ungern E-Mails, denn diese würden ja von Big Brother gelesen. Eine differenzierte Unterhaltung über diese Behauptungen ist bei diesen Menschen nicht möglich, zu festgefahren sind ihre Überzeugungen. Für uns Menschen ist es bequemer, fest in einer Überzeugung zu verharren als in Denkanstrengung über Alternativen nachzudenken. Fürchten wir uns vor dieser Anstrengung? Oder fürchten wir uns vor den Konsequenzen, die Erkenntnissen folgen?

Auch Organisationen fürchten sich. Erfolg zeigt sich nach außen zunächst in Zahlen. Doch nach innen geht es in Zeiten des Fachkräftemangels um den Verlust guter Mitarbeiter. Was macht eine Organisation für Mitarbeiter attraktiv? Incentives taugen langfristig nicht als Zugpferd, wenn Mitarbeiter präsente und sorgende Führungskräfte vermissen. Engagierte aber unzufriedene Mitarbeiter der jüngeren Generation wandern heute einfach weiter, bis sie die Firma gefunden haben, in der sie ihre Bedürfnisse erfüllt sehen. Gleichzeitig müssen sich Organisationen um die Implementierung neuer digitaler Instrumente kümmern. Es treibt sie nicht nur die Furcht, unmodern zu erscheinen, sondern auch die Notwendigkeit der Kompatibilität mit den digitalen Prozessen der Geschäftspartner. Die Sorge um den Verlust der Attraktivität, des Ansehens und damit auch des Gewinns ist nach meiner Erfahrung bei vielen Organisationen so stark wie bei Mitarbeitern. Um jeden Preis am Ball bleiben und die vorgegebene Geschwindigkeit einhalten, kann durchaus Ängste generieren. Wer Angst hat, kümmert sich typischerweise erst einmal darum, den offensichtlichen Grund der Angst abzustellen. Dabei vergisst er den Rundumblick, ist in Gefahr, sich im Tunnelblick zu vergessen. Seine Umsicht geht verloren.

Budgetnöte, denen Start-ups unterliegen, bergen die Gefahr, dass Führung gänzlich vergessen wird, zu hoch ist der Druck zu liefern. Da muss der Inhaber des Start-ups schon die meiste Zeit selbst operativ Hand anlegen und vergisst Führung leicht. Ich sehe Mitarbeiter, die sich nach den schnell wechselnden Strömungen der vergangenen Jahrzehnte, vor allem im IT-Geschäft, neuerdings wieder wie Automaten oder Instrumente behandeln lassen. Sind wir angekommen in der Situation der Industrialisierung, wo Mitarbeiter Maschinen bedienen, die sie selbst zu exklusiven Verwandten von Maschinen machen? Hier gibt es nicht nur einen Verantwortlichen. Wir alle sollten aus der Vergangenheit gelernt haben. Charlie Chaplins Film „Modern Times" von 1936 berührt (YouTube). Humorvoll und vorausschauend zugleich nimmt er das Zusammenwirken von „künstlicher Intelligenz" und Menschen auf die Schippe. Heute ist dieser Film jungen Menschen nicht einmal mehr bekannt. Dafür mehrt sich Literatur über Residenz gegen Burn-out oder für die Ängste durch die Digitalisierung. Mutige Reflexion über das, was wir Fortschritt nennen, könnte jeden Einzelnen dazu bewegen, sich das Seine zu picken aus dem Dschungel heutiger Möglichkeiten. Stattdessen wird Angst geschürt vor diesem Dschungel, Pauschalurteile gefällt oder unkritisch übernommen.

Mentale Resilienz ist zentral für das Thema Mut und Zuversicht und Selbstvertrauen. Wenn wir uns regelmäßig aus der Fassung bringen lassen bei der kleinsten Herausforderung, haben wir vielleicht zu wenig mentale Resilienz oder eine psychische Problematik, die wir dann unbedingt zusammen mit Experten anschauen sollten. Letzteres wäre dann ein psychomedizinisches Thema. Darum geht es jedoch in diesem Buch nicht. Hier geht es um das essenzielle Verständnis über die Wirkung und Entwicklung der ICH-KULTUR®. Sie ist die „persönliche Kultur" von Menschen, die andere Menschen führen, welche ebenfalls ihre ganz persönliche ICH-KULTUR® bis zum jetzigen Zeitpunkt entwickelt haben und bis zu ihrem Lebensende weiter, bewusst oder unbewusst, entwickeln werden.

Dennoch bemühe ich die Psychologie und Psychosomatik, denn der stärkste Hinderungsgrund von Erfolg sind Ängste und fehlende mentale Resilienz. Wie Nebelwolken verschleiern Ärger und Ängste unsere Sicht auf das Ganze. Wer ist schuld an unserem Misserfolg? Können wir dessen Einflussfaktoren benennen? Ist es der andere, der schlechte Chef oder der unzuverlässige Kollege? Ist es der Geschäftspartner auf der anderen Seite des Globus? Sehr gerne spielen wir den Ankläger und maßen uns an, Schuldige zu benennen, wenn wir es indes selbst sind, die die Gesamtheit der Situation nicht wirklich überblicken. Ist Misserfolg nicht viel mehr als ein reiner „Roadblock", der uns bei unserem extrem schnellen Agieren im Wege steht? Nehmen wir uns die Zeit, die Kette der Aneinanderreihung von Sachlagen ins Auge zu fassen, die zu einem Misserfolg führen könnte? Hatten wir beispielsweise einen erfolglosen Auslandsbesuch und eine entscheidungsimmanente Besprechung inklusive weicher Faktoren eingehend vorbereitet? Gehen wir in Vorstellungsgespräche zu wenig bewusst über unsere Werte und lassen uns deshalb dort durch trickreiche Fragen verunsichern? Wenn wir wissen, wann wir erfolgreich sind, wissen wir auch, wenn wir es nicht sind. Statt in Höchstgeschwindigkeit zu agieren, sollten wir unser Hirn und Herz befragen. Ich behaupte, wenn das Herz nicht dabei ist, ist das Hirn auch nicht dabei.

4.3   Ängste und die enge Kopplung von Herz und Hirn

Wer ständig unter Ärger und Ängsten leidet, gefährdet sein Herz. Der Leipziger Kardiologe Ingo Eitel untersuchte 256 Patienten mit dem sogenannten Broken-Heart-Syndrom, auch Takotsubo genannt, nach der japanischen Tintenfischfalle. Wenn Herz und Kreislauf permanent mit Adrenalin überflutet werden, wird die Herzmuskulatur beeinträchtigt. Im Dauerstress verformt sich das Herz und entwickelt eine ähnliche Form wie diese Tintenfischfalle. Durch zu viele Calcium-Ionen im Herzen verkürzen sich die Herzmuskelzellen und verkrampfen sich. Der Betroffene kann dieselben Schmerzen wie bei einem Infarkt erleiden und bekommt noch mehr Angst. Doch das Broken-Heart-Syndrom ist bei sonst gesunden Menschen heilbar. Problematischer ist es, wenn ein Betroffener schon geschädigte Herzkranzgefäße hat. Dann lauert die Gefahr einer ernsthaften Herzattacke.

Emotionaler Stress, der sich in negativen Gefühlen wie Angst, Ärger, Neid, Trauer, Liebeskummer etc. zeigt, hat Auswirkung auf unser vegetatives Nervensystem, welches dann aus der Balance gerät. Als Gegenspieler gelingt es dem beruhigenden Parasympathikus nicht mehr, den aktivierenden Sympathikus zu dämpfen. Die Herzfrequenz und unser Puls bleiben somit lange Zeit erhöht, der Betroffene kann sich nicht mehr „beruhigen". Wer dann noch eine Depression entwickelt, sich langwierig schuldig, niedergeschlagen und antriebslos fühlt, ist gleichermaßen gefährdet, eine Herzproblematik zu erleiden (Ladwig 2011). In seinem Buch „Wie Führungskräfte an Herzerkrankungen wachsen" beschreibt Günther Höhfeld die Sehnsucht von herzkranken Führungskräften als das tiefe Verlangen nach Leben. Für ihn liegt die „Lebenskunst" im stimmigen Umgang mit Ambivalenzen (Höhfeld 2016). Das Werkzeug für Lebenskunst hätten wir seit unserer Geburt in der Tasche. Dem stimme ich zu. Immer wieder geht es um das Setzen von Prioritäten.

Unser Herz braucht liebevolle Behandlung. Negative Gedanken machen emotionalen Stress. Wenn wir unsere Gedanken wirklich in unser Inneres richten, können wir erkennen, dass wir dort einen Platz finden, an dem es Wohlwollen, ja sogar Liebe gibt. Stattdessen suchen wir Wohlwollen im Außen. Wir sehnen uns nach der Anerkennung durch andere Menschen. Doch beides halte ich für essenziell, die innere Einkehr, die Einsichten bringt über uns selbst und die dazugehörige Umsicht für sich selbst. Mit Umsicht meine ich die Selbstfürsorge. In meinen Coachingsitzungen frage ich meine Klienten manchmal, wie viel sie sich wert sind und ernte Erstaunen. Über solche Dinge nachzudenken, hätte er keine Zeit gehabt, berichtet ein Klient Mitte fünfzig. Worüber er nachgedacht hätte, frage ich ihn. Über seinen Job, seine Familie, seine Karriere ist die Antwort. Und nun, da er aus seiner Managertätigkeit entlassen wurde, wisse er nichts mit sich anzufangen.

4.4   Das Zeitproblem

Unsere Kontemplationsaufenthalte im Kloster bleiben im Gedächtnis als wären sie eine weitere Urlaubsreise mit schönen Erinnerungen. Eine andere Welt. Zurück im „echten Leben" bedeutet bei der Arbeit, den Freunden, der Familie zu sein. Oft frage ich mich, wie es kommt, dass sich Menschen „Auszeiten im Kloster" verordnen, „Waldbaden" oder „Wanderungen im Schweigen" ohne ihre Erlebnisse, Empfindungen und Erkenntnisse danach bewusst in ihr Leben zu integrieren. Die Schnelllebigkeit unserer Tage lässt uns Erlebnisse sammeln, Erinnerungen abspeichern, jedoch nicht reflektieren. Nach dem Wochenende im Kloster machen manche weiter wie bisher, jedoch mit dem Gefühl, etwas für sich getan zu haben. Dies ist nicht genug für die gewünschte Nachhaltigkeit. Eine bewusste Haltung gegenüber unserem Leben kann sich nur entwickeln, wenn wir uns etwas wert sind. Wenn wir uns Zeit nehmen, unsere Werte zu überdenken, werden wir sie erkennen und unsere Lebenszeit bewusst gestalten, statt blind nach Errungenschaften zu suchen.

Hierzu baue ich mit meinen Klienten ein „Wertegebäude" aus Bauklötzen (vgl. Abb. 4.1). Das beschriftete Häuschen stellen sie auf ihren Schreibtisch, damit diese jeden Tag erinnert werden. Ihre Besucher, die das Häuschen sehen werden, erkennen, dass es von Bedeutung ist, diese Werte im Umgang mit dem Besitzer zu respektieren. Je nachdem, welche Werte in einem bestimmten Moment unberücksichtigt bleiben, können diese durch Drehen des Bauklötzchens nach vorne gebracht werden. Unsere Werte, wenn sie uns bewusst sind, werden uns immer begleiten. Gelingt es, machen sie uns langfristig unerschütterlich. Wir können Prioritäten setzen und werden erkennen, dass manche unserer Errungenschaften ebenso kurzlebig sind wie manche physischen und psychischen Genüsse.

Ängste zeigen sich als Begründer von Unsicherheit, Überheblichkeit und Arroganz. Führungskräfte sollten sich mit ihren eigenen Ängsten und den Ängsten der Mitarbeiter befassen. Zugegeben, Führungskräfte sind keine Psychologen. Wenn sie sich jedoch, wegen ihrer Leadership-Verantwortung, für einen bewältigenden Umgang mit negativen Gefühlen interessieren, werden sie einfühlsamer agieren können und damit für Vertrauen als die Grundlage von zugewandtem Leadership sorgen.

Abb. 4.1 Wertegebäude. Quelle: ELANproject, Heidelberg

In meinem Coaching für „FührungsKRAFT" gibt es eine Sequenz mit dem Titel *ZEIT.*

ZEIT ist ein Akronym für Zeit – Emanzipation – Initiation – Tempo. Gemeinsam untersuchen wir die möglichen Zeitfenster, die nötig sind, um sich bestimmten Themen mit den Mitarbeitern zu stellen, persönlichen Ziele für die eigene und die Emanzipation der Mitarbeiter zu kommunizieren, Folgeschritte zu initiieren und schließlich ein realistisches Tempo an den Tag zu legen. Vor allem für die zunehmende Digitalisierung, in der immer mehr Aufgaben und Korrespondenz elektronisch verrichtet werden, in der Menschen aus einer immer größer werdenden räumlichen Distanz miteinander arbeiten, ist der Face-to-Face-Kontakt ein essenzielles Mittel für den Umgang mit Konflikten. In meiner Praxis sehe ich Konflikte entstehen aus eben der zunehmenden Kommunikation über digitale Medien. Eilig getippte, möglicherweise fremdsprachliche Whatsapp-Botschaften werden missverstanden. Menschen antworten nicht, fragen nicht nach, verbleiben im Missverständnis, der Konflikt ist geboren. Mit *ZEIT* betrachten wir alternative Verhaltensmöglichkeiten.

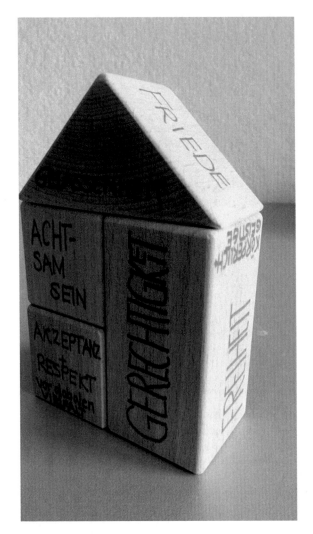

Abb. 4.1 (Fortsetzung)

Ein stark beziehungsorientierter Manager ist verunsichert, weil er annimmt, sein Vorgesetzter schließe ihn aus bestimmten Meeting-Routinen aus. Der Manager schmollt, zieht sich zurück und glaubt, der Vorgesetzte möge ihn nicht. Mit *ZEIT* hat er einen Umgang mit seiner Vermutung gelernt. Zunächst beobachtet er aufmerksamer, ob seine Vermutung nur die Angst ist, nicht dazuzugehören. Hat er Belege dafür? Danach überbringt er seinem Vorgesetzten persönlich eine Gesprächseinladung zu sich in sein Büro, übt zuvor professionelles Feedback und erklärt seinem Vorgesetzten schließlich, was er vermisst. Echte Leader sind für solche Informationen dankbar, können ihr Verhalten anpassen und zu mehr Vertrauen beitragen.

Abb. 4.1   (Fortsetzung)

Literatur

Berne E (2016) The games people play. Penguin Life, London
Emert P (2003) The Legal Eagle. New Jersey Bar Foundation
Eitel I et al (2011) Clinical characteristics and cardiovascular magnetic resonance findings in stress (Takotsubo) cardiomyopathy. JAMA 306(3):277–286

Höhfeld G (2016) Der Cardio-Coach. Wie Führungskräfte an Herzerkrankungen wachsen. Campus, Frankfurt a. M.

Kalisch R (2017) Der resiliente Mensch. Piper Verlag, Berlin

Kitzler A (2017) Leben Lernen – Ein Leben lang. Herder, Freiburg

Ladwig K-H et al (2011) Depression: Ein nach wie vor unterschätztes Risiko für die Entwicklung und Progression der koronaren Herz-erkrankung. Bundesgesundheitsblatt 54

Malik F (2014) Führen Leisten Leben. Campus, Frankfurt

Malzacher J (2018) Mit ICH-KULTUR zum privaten und beruflichen Erfolg. Spinger-Gabler, Wiesbaden

Schöneberger O, Schöneberger E, Seneca L (1988) Naturales questiones, Naturwissenschaftliche Untersuchungen. Reclam, Stuttgart

5

Urängste vs. Ängste von Managern als Teil ihrer ICH-KULTUR®

Wer kein Selbstvertrauen hat, kann sich unterschiedlichen Ängsten ausgeliefert fühlen. Wer Ängste hat, kann nur schwer Vertrauen zu anderen Menschen entwickeln.

Ein Firmeninhaber litt unter seiner Bekanntheit, entzog sich, wo es ging, der Öffentlichkeit und arbeitete gleichzeitig unermüdlich an seinem Erfolg. Seine Sorge, er könne übervorteilt werden von geldgierigen, missgünstigen Menschen, die nur auf ihren Vorteil bedacht waren und ihn ausnutzen wollten, schien ihn ständig zu verfolgen. Nur wenigen Ausgewählten zeigte er sich regelmäßig. Im günstigsten Falle wurde ihm sein Versteckspiel von seinen Bewunderern als Zeichen der Bescheidenheit honoriert. Sein weitgehend ungewohntes und unverständliches Verhalten wurde von der Öffentlichkeit über Jahre zur Quelle von mannigfaltigen Gerüchten. Von den meisten Mitarbeitern seiner Firma wurde er als Phantom wahrgenommen. Beim kleinsten Verdacht, seine Führungskräfte stünden nicht hinter ihm, ließ er diese durch seine Vertrauten bei der nächsten Gelegenheit mit hohen Abfindungen gehen. Sein Misstrauen schien sich in viele Bereiche seines öffentlichen Lebens zu entfalten. Inkognito spazierte er durch seine Filialen, sicher, dass ihn niemand erkennen würde. Sein öffentliches Gesicht war das eines „Niemand mit vielen Millionen Euro". Sein „Management durch Misstrauen" zog sich durch seine gesamte Organisation. Entsprechend hoch war die Fluktuation im Unternehmen. Vertrauen konnten die Mitarbeiter gegenüber ihren Führungskräften kaum aufbauen, denn kaum war eine Führungskraft angekommen, entschwand sie unfreiwillig oder freiwillig von der Bildfläche. Entsprechend stark war der „Flurfunk".

© Springer Fachmedien Wiesbaden GmbH, ein Teil von Springer Nature 2019
J. Malzacher, *Mut in der Arbeitswelt durch ICH-KULTUR,*
https://doi.org/10.1007/978-3-658-24809-3_5

Die Mitarbeiter litten unter einem „Management by Fear". So manche hierarchisch hohe Führungskraft wurde von der Angst besessen, irgendwann überraschend ihren Hut nehmen zu müssen. Ansätze, in der Firma ein Leitbild zu leben, wurden durch die häufigen Führungswechsel regelmäßig zerrüttet. Sicher konnte man sich in dieser Organisation nicht fühlen. War dies überhaupt ein Ziel dieses Arbeitgebers? Verschleierungstaktiken bezüglich Zahlen und Fakten wurden begünstigt. Wünschte man sich Vertrauen in dieser Organisation? Die ICH-KULTUR® dieses Managers begünstigte kein Leadership im modernen Sinne. Einmal fragte ich mich, wie viel Angst um sich selbst eine solche Person haben müsse, der es schwer fällt, ihr Gesicht zu zeigen und die ihr Leben mit einem immensen Aufwand an Verschleierung gestaltet. Ist es eine Art Existenzangst, ist es Verlustangst, die Angst vor Missfallen und Zurückweisung durch die Gesellschaft, die Angst vor dem Scheitern oder die Angst, mit jedem Mehr an Erfolg noch mehr ins Zentrum des Geschehens zu rücken? Oder ist es ein lieb gewonnenes Versteckspiel mit Abenteuerlust? Könnte es eine, durch die Generationenzugehörigkeit bedingte Angst sein, die besonders Menschen, die in Kriegs- und Nachkriegszeiten oder in unterdrückenden Regimes aufwuchsen, heimsuchen kann? Ängste haben viele Gründe, können sich entwickeln und manifestieren.

Ängste, niedriges Selbstvertrauen und Vertrauen zu anderen sind eng miteinander verknüpft. Wir wissen, dass jeder gesunde Mensch mit hohem Selbstvertrauen ebenfalls Ängste hat. Dies sind Urängste, die sich als Reflex zeigen und lebensrettend sein können. Bei Gefahr entscheiden wir uns innerhalb von Sekunden für unser Leben. Im Laufe der Evolution hat unser Gehirn gelernt, Situationen zu erkennen, bei denen es nur einen Ausweg gibt, die Flucht oder den Kampf. Zur Angst vor Schmerzen und Tod als Existenzangst gesellen sich sozial basierte Ängste, wie z. B. Versagensangst. Die Autoren Hasselmann und Schmolke nennen sieben Urängste. Die Angst vor Unzulänglichkeit, die Angst vor Lebendigkeit, die Angst vor Wertlosigkeit, die Angst vor Unberechenbarkeit, die Angst vor Mangel, die Angst vor Verletzung, die Angst vor Versäumnis (Hasselmann und Schmolke 2009).

Selbstvertrauen und Angst basieren für mich auch auf dem Grad der Befriedigung von Grundbedürfnissen. Abraham Maslows Bedürfnispyramide ist weithin bekannt. Wer seine körperlichen Existenzbedürfnisse nicht befriedigt empfindet, sich nicht genügend geschützt fühlt und sich stattdessen diffusen oder real bedrohlichen Situationen ausgesetzt fühlt, entwickelt automatisch Ängste (Myers et al. 2008). Die Angst vor Unzulänglichkeit lässt manche Menschen besonders unterwürfig oder bescheiden erscheinen. Sie spielen ihre besonderen Fähigkeiten herunter und verleugnen sich selbst. So schützen sie sich vor ihrer Angst, nicht zu genügen. Wer sich einer Gruppe nicht zugehörig oder von ihr ausgeschlossen fühlt, könnte die Furcht entwickeln, zu missfallen oder zurückgewiesen zu werden. Unser Bedürfnis nach Zugehörigkeit beeinflusst unser Verhalten und unsere Konfliktstile. Leider passieren diese Dinge heute wieder auf großer Bühne in Deutschland und unterstützt von medialer Macht. Menschen gesellen sich zu Gruppen, weil sie sich dort – zumindest teilweise – zugehörig fühlen und sich dann, in einem naiven Gefühl der Zugehörigkeit, einsaugen lassen in den Taumel der Rebellion gegen das Establishment, gegen Geflüchtete, gegen Kapitalisten, gegen alle Grenzschützer oder alle Nichtnaturschützer oder Nichtvegane. Das Bedürfnis, zu gefallen, der Wunsch, gehört zu werden, die Sehnsucht nach äußerer Anerkennung treiben uns Menschen ein Leben lang um. Im Falle ausbleibender Wertschätzung fühlen wir uns unverstanden. Wir ziehen uns möglicherweise schmollend zurück. Es könnte auch sein, wir greifen an, werden eifersüchtig, zum Spielverderber oder zum Racheengel, der Lügen verbreitet. Überhaupt scheint die Lüge für viele Menschen ein probates Mittel, Dingen nicht ins Auge schauen zu müssen. Vermeidung, Verschleierung, Verleugnung werden häufig als Art Überlebensstrategie eingesetzt. Diese wirkt als Vertrauenskiller für Mitmenschen, weil ihnen wichtige Informationen vorenthalten werden. Fehlendes Vertrauen durch Verschleierung schürt Ängste. Dem Feinfühligen und genauen Beobachter kann es gelingen, dahinter zu schauen und Menschen mit einem Vermeidungsverhalten zu überführen. So kann der genau Hinschauende lernen, Ängsten auszuweichen und einen „Vermeider" oder „Verschleierer" mutig auf sein Verhalten anzusprechen. Wann sollten wir es ansprechen? Wenn der Modezar, Karl Lagerfeld, im September 2018 fünfundachtzig Jahre alt, immer noch darauf beharrt, er sei erst achtzig, erntet er wahrscheinlich ein amüsiertes Lächeln. Wenn Topmanager von Volkswagen im Fernsehen einem Millionenpublikum und ihren Aktionären erklären, sie hätten nichts von einem Abgasbetrug gewusst, darf man sich zu Recht empören und der Sache auf den Grund gehen. Gleichzeitig muss man sich fragen, wie es kommt, dass der CEO des größten Autobauers Europas öffentlich auf diese peinlich realitätsferne Art auftritt. Ist er ein grundsätzlicher Betrüger? Hat ihn seine eigene Angst dazu gebracht, nicht in seinen Wertespiegel zu schauen?

Basierend auf den „Grundformen der Angst" nach Fritz Riemann, beschreibt das Riemann-Thomann-Modell grundsätzliche menschliche Verhaltensstile (Schulz von Thun Institut 2018). Es behandelt Bedürfnisse wie Nähe, Distanz, Dauer und Wechsel. Gleichzeitig erläutert es, wie diese zwischenmenschlichen Bedürfnisse, wenn nicht erfüllt, Ängste generieren und im äußersten Falle zu pathologischem Verhalten führen können.

Ein Klient hatte eine neue Anstellung in einer aufstrebenden amerikanischen Firma, deren Chef in den USA saß. Dieser ließ Deutschlandchef ungern unabhängig agieren. Jeder Schritt musste mit dem amerikanischen Firmeninhaber abgesprochen werden. Mein Klient arbeitete im vom Deutschlandchef 500 km entfernten Homeoffice. Sein starkes Bedürfnis nach Nähe sowie zeitnaher Kommunikation wurde nicht erfüllt. Der alles steuernde Firmeninhaber in den USA zeigte große emotionale Distanz, beantwortete E-Mails unregelmäßig und wenn, im Telegrammstil. Mein Klient fühlte sich alleingelassen. Obwohl er eine verantwortungsvolle Stelle hatte, wurde es ihm durch fehlende Freigaben versagt, erfolgreich zu sein. Seine Ausrichtung auf Dauer, welche die Werte wie Pünktlichkeit, Verantwortung, Planung, Verbindlichkeit und Kontrolle beinhalten, wurde nicht erfüllt. Seine Furcht war, die Akzeptanz und sein Standing bei Kollegen nicht ausbauen zu können, seine eigenen Werte einzubüßen und schließlich mit seinen Projekten nicht erfolgreich sein zu können. Ärger und Angst stiegen mit jedem neuen Hindernis. Als sein Frustrationslevel einen Höhepunkt erreicht hatte, verließ er die Firma.

Ein anderer Klient mag den Wechsel, hat das Bedürfnis nach Spontaneität, Dramatik, Individualität, Selbstverwirklichung und Risiko. Sein Terminkalender hat oft drei Veranstaltungen im selben Zeitfenster. Kurzfristige Entscheidungen betreffen auch seine Freundschaften. Stolz ist er auf seinen riesigen Bekanntenkreis. Tief lässt sich mein Klient nicht ein. Dauerhaft sind seine Partnerbeziehungen nicht. Ernsthafte Unterhaltungen außer über seine beruflichen Erfolge interessieren ihn nicht. In unseren Gesprächen hüpfen seine Gedanken oft chaotisch von Thema zu Thema. Er reist so oft er kann. Vor Langeweile fürchtet er sich. Nun, da er Anfang sechzig ist, sich dem Rentenalter nährt, überkam ihn eine diffuse Angst. Mit dem Wunsch nach Orientierung kam er zu mir. Schon in der ersten Sitzung war klar, dass er Sinnerfüllung sucht.

Als Führungskraft sollten wir uns im Klaren sein über unsere eigenen Bedenken, Sorgen und Ängste. Weil wir unsere Sorgen buchstäblich am eigenen Leib erleben, können wir uns in unsere Mitarbeiter einfühlen. In Zeiten der Digitalisierung tritt der Mensch mehr als zuvor in den Vordergrund, denn er wird als Mensch gebraucht. Menschen brauchen Menschen. Kein Roboter wird je ersetzen können, was das menschliche Herz vermag, was die Seele geben kann. Die ICH-KULTUR® betrachtet individuelle Einflussfaktoren für ängstliches Verhalten, wie im kommenden Abschnitt beschrieben.

5.1 Typische Ängste von Führungskräften

Führungskräfte sind keine „Übermenschen". Jedoch erwarten sie von sich selbst sowie ihren Organisationen meist unbedingte Stärke und Widerstandskraft. Dies kann zu emotionalen Belastungen führen. In neuen Rollen müssen wir uns erst zurechtfinden. Mit der Zeit passen wir unsere Identität an. Jede neue Führungskraft braucht ihre Zeit. In meiner Coachingbegleitung für frische Führungskräfte erkenne ich schnell, ob sich die neuen Führungskräfte als Vorgesetzter, Manager oder als Leader wahrnehmen. Es ist ebenfalls schnell ersichtlich, ob sich jemand in seiner neuen Rolle wohl und sicher oder unsicher fühlt. Selbst wenn wir ein besonders gutes Leadership-Seminar besucht haben, lernen wir praktische Führung nachhaltig nur in unserer täglichen Praxis. Die alte Leier über „der Stärkere gewinnt" hat längst keinen Bestand mehr. Die Komplexität unserer technologischen und globalisierten Welt benötigt ein Mehraugenprinzip, den Helikopterblick und eine systemische Betrachtungsweise. Daher halte ich die Begleitung von erfahrenen und neutralen Coaches für elementar in der Führungskräfteentwicklung. Als IPC®-Consultants betrachten wir für jeden Klienten jeweils ausgewählte ICH-KULTUR®-Elemente und können so zu einer bewussten Entwicklung kraftvollen Führens einen wertvollen Beitrag leisten.

Führungskräfte sind zuallererst Menschen. Als Menschen sind wir mit allem, was ist, verbunden. Wir sind ein Teil des großen Ganzen. Ob wir bewusst mit unserer Umgebung und anderen Menschen in Resonanz gehen, also gleich schwingen und entsprechend verständlich kommunizieren, hängt mit unserem Inneren zusammen, mit unseren Erfahrungen, unserer inneren Haltung und unserem Mut, unserer Zuversicht im Umgang mit Neuem, mit Unbekanntem. Unser persönlicher innerer und äußerer Umgang mit Konflikten trägt zur Lösung derer oder zu neuen Konflikten bei. Als Führungskräfte stehen wir in dieser Verantwortung. Die eigene Herz-Hirn-Balance funktioniert als wesentlicher Pegel für unsere gelingende Eigenführung und die Führung von Mitarbeitern. Wenn Führungskräfte überfordert sind und Stress haben, können sie, wie jeder Mensch, dysfunktionales Verhalten zeigen. Dann kann es sein, dass Warmherzigkeit und Aufrichtigkeit, Liebenswürdigkeit durch Spiegelungen und Projektionen weichen und sich als Gleichgültigkeit und Produktivitätsverlust zeigen (Buchenau und Walter 2018).

5.1.1 Angst vor dem Unbekannten – Versagensangst – Existenzangst

Welche Ängste haben Führungskräfte? Neben Urängsten sind Führungskräfte besonders gefährdet, Angst vor dem Unbekannten, Versagensängste
und Existenzängste zu entwickeln. Die Arbeits- und Organisationspsycho-
login Gabi Harding befragte knapp zwanzig Topmanager profitorientierter
Unternehmen. Sie stellte fest, dass diese Ängste mit der Furcht von Topmanagern zu tun haben, ihre über Jahre entwickelte Identität zu verlieren
(Harding 2012). Der nervenstarke Manager im Außen muss sich, als ängst-
licher und abhängiger Mensch in seinem Inneren, gegen Konkurrenten oder
schwierige Vorstände durchsetzen. Drohungen, manipulative Kommunikation und spezielle initiierte Distanz machen Menschen und damit auch
Managern Angst. Nehmen wir an, der entlassene Audi-Chef Rupert Stadler sei kein durch und durch ruchloser Mensch, weswegen er im Gefängnis landete. Nehmen wir an, er war überfordert von seiner Aufgabe als
Lenker des Unternehmens. Wegen der stark hierarchischen Organisation
vertraute er seinen Unterstellten, die den immensen Druck vom Mutter-
konzern an ihre Mitarbeiter weitergaben. Er mag nicht gewusst haben, dass
sich Täuschungsgedanken verselbstständigten und in Betrug endeten. Hatte
er den Überblick verloren und manche Information als nicht kritisch eingestuft? Nehmen wir an, er war tatsächlich nicht Teil des Komplotts in seiner Entwicklungsabteilung. Leicht hätte er dies öffentlich erklären können,
auch wenn er als Manager sich damit selbst kompromittierte. Einen groben
Fehler beging er, als er versuchte, andere Menschen zu Aussagen zu bringen,
die seine Haut retten sollten. Augenscheinlich regierte ihn hier seine Angst,
seinen Ruf zu verlieren, Existenzangst. Wer Angst hat, hat Stress.

Systemischer Stress lässt Menschen Dinge tun, die sie bei gelassener Haltung in Ruhe überdenken würden. Stress zeigt sich in psychosomatischen
Reaktionen, wie z. B. Bluthochdruck, Konzentrationsschwäche und Schlaf-
losigkeit. Wenn Führungskräfte nicht erkennen, dass sie sich wegen ihres
Gefühls der Unzulänglichkeit überfordern, entwickeln sie im schlimmsten Falle ein Burn-out-Syndrom, eine Erschöpfungsdepression oder andere
Krankheiten. Um zu gesunden, sind sie dann gezwungen, sich dem für sie
ungesunden Umfeld zu entziehen. Wem es so geht, verlässt die Bildfläche,
wenn auch nur für bestimmte Zeit. Hernach braucht die Re-Integration
wiederum viel Energie und Aufmerksamkeit von allen Seiten (Betroffener,
Co-Betroffene wie Chef, Kollegen, Personal, Betriebsrat etc.). Wenn Ressourcen und Fachkräfte knapp sind, ist dies wenig effizient und gefähr-
lich, weil von der eigentlichen Arbeit abgelenkt wird. Wir dürfen unsere

Organisationen nicht zu Aufbewahrungsanstalten von durch unser System Erkrankten machen. Wer dies als Führungskraft erkannt hat, wird sich seinen Unterstellten mit Aufmerksamkeit widmen und diese damit ihrerseits zu Achtsamkeit anhalten.

Angst vor dem Unbekannten

Ein neuer Direktor, der alte verlässt das Unternehmen. Neben einer natürlichen Skepsis gegenüber dem Neuen, macht sich unter den Abteilungsleitern Unsicherheit breit. Wird der neue umstrukturieren? Werden alle ihren Job behalten können? Welche Gangart wird der Neue einschlagen? Plötzlich entsteht ein Gefühl des Kontrollverlustes bis hin zu einer „Furcht vor dem Verlust der Definitionsmacht" (Harding 2012). Die Identität von Führungskräften steht auf dem Spiel, wenn sich Veränderungen auftun. Dann empfehle ich meinen Klienten, innerhalb der ersten 100 Tage schnellstmöglich „Gesicht" zu zeigen. Häufig missverstanden, bedeutet dies jedoch nicht, schnellstmöglich neue Veränderung einzubringen und die Organisation aufzurütteln, im Sinne von „Schaut mal, hier bin ich und zeige meine Muskeln". Eher das Gegenteil ist hilfreich. Damit sich in einer Organisation gute Stimmung hält, müssen Unterstellte bei organisationalen Veränderungen zügig ein Gefühl der Sicherheit entwickeln können. Sie müssen erkennen können, wer der neue Chef ist, welche Werte er vertritt, welche Team- und Kommunikationskultur er vertritt.

Versagensängste

Ich erinnere mich an einen Workshop mit Konzerntrainees, die sich mit interkulturellen Themen befassen sollten. Als sie Beispiele aus dem Arbeitsalltag vorbringen sollten, wünschten sich die Hälfte der Trainees Hilfen für den Umgang mit Druck. Wie so häufig ging es um den Umgang mit emotionalem Stress, der durch ungebührliches Verhalten von Führungskräften initiiert wurde. Gabi Hardings Befragung brachte hervor, „wie sehr Drohungen, Angriffe von außen, unfaire Mittel und interne Grabenkämpfe Ängste schüren. Häufig sei das Arbeitsklima geprägt von Misstrauen, Distanz, Neid und Konkurrenz. Das ständige Gefühl von Bedrohung macht den Managern zu schaffen" (Harding 2012).

Menschen, denen äußerste Perfektion wichtig ist und die selbst Druck von oben bekommen, verlangen diese Perfektion auch von ihren Unterstellten. Sie kennen kein anderes Instrument, als selbst Druck auszuüben. Kurz nach dem Start in das Millennium brachte ich aus den USA Ken Blanchards Buch *Heart of a Leader* mit. Manchen meiner deutschen Führungskräftekunden wagte ich es zu zeigen. Anderen zeigte ich es nicht, zu groß war die Furcht, in meinen von Technik dominierten Kundenfirmen belächelt zu werden. Ken Blanchards Führungstheorie kommt aus einer wohlwollenden inneren Haltung und dem Respekt für Menschen. Zusammen mit Paul Hersey entwarf er das Reifegradmodell von Mitarbeitern und die Theorie des situativen Führens. Beide Autoren sind davon überzeugt, dass Führung nur zusammen mit Menschen gelingen kann, statt Menschen angetan zu werden, sozusagen durch das Diktat von oben. Leider kommt dieses Modell in Deutschland wenig zur Anwendung, verlangt es doch von der Führungskraft kontinuierliche Aufmerksamkeit und Umsicht. Genau diese brauchen wir, wenn wir Unsicherheit und Versagensängste im Unternehmen vermeiden wollen. Beim „Situational Leadership" nach Blanchard (Hersey und Blanchard 1982) nimmt die Führungskraft unterschiedlich kontrollierende Rollen ein, abhängig vom Reifegrad des Mitarbeiters bei einer jeweils unterschiedlichen Aufgabe. Diese Rollen spannen sich vom „Lehrer" über den „Überzeugenden" und Coach bis hin zum „Delegierenden". Einfacher könnte man hier die Analogie „Kurze-und-lange-Leine" vermuten, doch „Situational Leadership" ist ein komplexes, auf Reflexion bauendes Gebilde. In meinem Programm „IPC®-Coaching für FührungsKRAFT" ist SLII nach Ken Blanchard verpflichtend. Es trägt auf beiden Seiten, Manager und Unterstellten, zu Sicherheit und Stehvermögen bei, auch wenn diese, wie andere weiche Faktoren, nicht leicht oder gar nicht objektiv messbar und validierbar sind. ELAN-IPC®-Coachings messen Erfolg durch das ELAN-Entwicklungsdiagramm. Es baut auf einen Dialog des Mitarbeiters mit seiner Führungskraft und seinem Coach über dessen Selbsteinschätzung und umgekehrt. Wenn Mitarbeitern klar ist, welchen Führungsstil der Chef anwendet, verstehen sie sein Verhalten besser. Hierzu gehört vor allem auch die passende Kommunikation. Mit frischen Führungskräften bespreche ich regelmäßig das „ELAN-Kleeblatt der Kommunikation", wie in Abb. 5.1 dargestellt. Es behandelt systematisch den vom Manager angestrebten Kommunikationsstil in der Organisation, indem es Regeln für Kommunikationskanäle, Kommunikationsstrategien und Kommunikationsstilen. In Zeiten digitalisierter Kommunikation und E-Mail-Flut halte ich dies für besonders notwendig, um Missverständnisse zu vermeiden und beispielsweise eine E-Mail-Etikette zu leben. Wer am Tag mehr als 50 E-Mails erhält, sollte nachforschen, ob sie ihn überhaupt betreffen und nicht vielmehr einfach gedankenlos an ihn weitergeleitet wurden, indem er auf „CC" gesetzt wurde. Neulich bekam ich fünf E-Mails mit je zwei Sätzen von einem Geschäftspartner hintereinander. Ich fragte mich, wie er wohl denkt, polychron, monochron oder nur schnell. Wahrscheinlich unterscheidet er nicht mehr zwischen E-Mail und Instant Messaging Tools. Kein Wunder, dass unsere Mailbox überfüllt ist.

Kleeblatt der Kommunikation

Missverständnisse vermeiden trotz digitaler Verwicklung

Copyright J. Malzacher, PhD/ 2010 - 2018

KOMMUNIKATIONSSTRATEGIE

Jede persönliche Kommunikation mit einem Kollegen oder Chef ist ein „Mitarbeitergespräch". Interpersoneller PEP oder KEK, Rede vor Gruppe, Präsentation, Einladung, Jahresgespräch, Beurteilung, Kündigung, Einstandsrede, Rückmeldung, Anweisung, Feedback, etc.

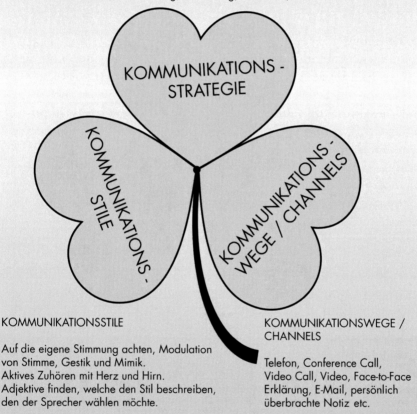

KOMMUNIKATIONSSTILE

Auf die eigene Stimmung achten, Modulation von Stimme, Gestik und Mimik.
Aktives Zuhören mit Herz und Hirn.
Adjektive finden, welche den Stil beschreiben, den der Sprecher wählen möchte.

KOMMUNIKATIONSWEGE / CHANNELS

Telefon, Conference Call, Video Call, Video, Face-to-Face Erklärung, E-Mail, persönlich überbrachte Notiz etc.

Abb. 5.1   ELAN-Kleeblatt der Kommunikation. Quelle: ELANproject, Heidelberg

Inzwischen gehen wir bei wichtigen Mitteilungen wieder dazu über, den Adressaten mündlich an unsere Antworterwartung zu erinnern, dies vor allem bei internationalen Geschäften. Besser noch, im Vorfeld einer E-Mail-Versendung wird der Adressat persönlich auf die Wichtigkeit der kommenden E-Mail hingewiesen. Für eine herausragende Unart und Respektlosigkeit in Büros halte ich die Angewohnheit, dem Kollegen auf der anderen Seite im Großraumbüro E-Mails zu schicken, statt ihn im persönlichen Gespräch mit einem wichtigen Anliegen zu behelligen. Menschen haben sich angewöhnt, sich hinter Distanz kreierenden E-Mails geradezu zu verstecken, Nähe zu vermeiden und ihre Furcht vor überraschenden Konsequenzen so in den Griff zu bekommen. Dasselbe gilt für Kritik und Lob. Wie viel stärker und feinschichtiger sind persönliche überbrachte Aussagen, statt unaufmerksam, hastig und linkisch formulierte und damit missverständliche E-Mails.

Existenzängste

Mines Geschichte in diesem Buch zeigt deren Existenzangst und die ihres, sich im Ruhestand befindlichen, Mannes. Existenzangst hat nicht nur mit der Furcht um Leib und Leben zu tun. Existenzangst ist auch Angst vor Verlusten wie Status, Image, Identität. Die Befragung von Topmanagern durch die Psychologin Gabi Harding brachte hervor, dass Angst vor Statuseinbußen ein ständiger Begleiter von Managern sei (Harding 2012). Demnach sind viele Manager nicht frei. Ihre Unfreiheit, sich natürlichen Veränderungen zu beugen, das Unveränderliche zu akzeptieren, rührt möglicherweise von der Furcht vor einem Kontrollverlust. Kontrollverlust bedeutet Machtverlust. Je nach Organisationskultur sind wir stark wirkenden Vergleichen unterworfen, die sich hauptsächlich auf Profit und Zahlen beschränken. Eine Organisation, die ihren eigenen Machtanspruch und Marktführerschaft gerne lautstark kommuniziert, möchte Einbußen unter allen Umständen vermeiden. So entsteht ganz natürlich Druck und Existenzangst der Organisation selbst. Doch wer ist die Organisation? Es sind die Menschen, welche die Organisation gestalten, niemand sonst. Je bewusster jeder Einzelne sich seiner ICH-KULTUR® ist, desto leichter kann er sich mutig für konsequente Handlungen mit Einsicht, Umsicht und Weitsicht entscheiden, ohne einen Gesichtsverlust zu befürchten. Er müsste sich mit sich selbst befassen, statt zu warten bis es keinen Ausweg mehr gibt und er eine psychotherapeutische Maßnahme braucht. In einer Organisation sind alle für alle verantwortlich. Wer das Gelingen des Gesamten im Fokus hat, wird sich mit Verantwortung für Lob und Kritik engagiert einsetzen, wird nicht warten, bis sein Chef ihm Sporen gibt. Eine Führungskraft ist somit nicht allein verantwortlich für ein gutes Klima in der Organisation, doch sie hat eine herausragende Position als verantwortungsvoller Initiator, motivierender Inspirator und würdevollen Fahnenträger.

5.2 Persönlichkeitsstörungen und Angst

Ein einziger Mensch mit einer Persönlichkeitsstörung kann ein ungesundes Umfeld kreieren, wenn die Menschen in seinem beruflichen oder privaten System nicht angemessen agieren. Oft wird in der Wirtschaftspresse von Psychopathen in Chefetagen gesprochen. Dabei sollte man beachten, dass Chefs auch nur Menschen sind und sich hin und wieder nicht im Griff haben. Manchmal leiden Menschen unter chronischen Erkrankungen, die ihrerseits zu auffälligem Verhalten und Ängsten führen. Sie sind deshalb nicht gleich Psychopathen. Psychopathen sind psychisch krank und werden gemäß DSM IV, dem Diagnose Manual für Psychiater, Psychologen und Psychotherapeuten, in die Kategorie APD (Antisocial Personality Disorder) eingestuft (Hirnstein 2013). Circa einer aus fünf Menschen mit einer antisozialen Persönlichkeitsstörung ist ein Psychopath (Kiehl und Buckholtz 2010). Wir sollten uns also hüten, ein solches Urteil gedankenlos zu fällen. Der Amerikaner William Hirnstein, Autor des Buches *Mindmelding*, beschäftigt sich mit Bewusstheit und Neurowissenschaften in Verbindung mit Philosophie. Psychopathologische Verhaltensaspekte fasst er wie folgt zusammen:

Uncaring (Gleichgültigkeit),
Shallow Emotions (wenig Gefühlsregung),
Irresponsibility (Verantwortungslosigkeit),
Insincere Speech (Unaufrichtige Kommunikation),
Overconfidence (Selbstüberschätzung),
Narrowing of Attention (niedrige Aufmerksamkeitsspanne),
Selfishness (Selbstsucht),
Inability to plan the future (Unfähigkeit zur Zukunftsplanung)
Violence (Gewalttätigkeit)

In Experimenten, bei denen kranken und gesunden Probanden erklärt wurde, dass gleich etwas Schmerzhaftes passieren würde, wurde nachgewiesen, dass Menschen mit diesen Eigenschaften keine Angst haben. Zusätzlich fehlt es ihnen an Scham – und Schuldgefühlen. Peinlichkeit und Reue kennen sie nicht (Hirnstein 2013).

5.2.1 Ängste von pathologischen Narzissten

Wer es als Führungskraft mit pathologischen Narzissten zu tun hat, sollte besonders aufmerksam sein. Die Suizidrate dieser Menschen mit APD (Antisocial Personality Disorder) liegt mit 14 % am höchsten, denn Narzissten können leicht in eine tiefe Krise fallen, sollten sie am Arbeitsplatz langwierige Versagens- und Existenzängste plagen (Berufsverband Neurologen und Psychiater im Netz 2018). Narzissten sind Menschen, denen Umsicht fehlt, die kaum Weitsicht walten lassen und die jeder Einsicht entbehren. Die Vermutung liegt nahe, dass wir es bei dem derzeitigen amerikanischen Präsidenten Donald Trump mit einem solchen Exemplar coram publico zu tun haben. Ein verhaltensspezifisches Beispiel konnte die ganze Welt beobachten, als der US-Präsident zusammen mit der zweiundneunzigjährigen Königen Elisabeth II die Militärparade abnahm (Welt.de 2018). Neben seiner offensichtlichen Protokollunsicherheit zeigte er ein würdeloses Verhalten. Sein Gang an der Seite der Queen in Richtung Royal Guard verriet, dass er die Situation nicht wirklich ernst nahm, sich später nicht um den momentanen lokalen Standpunkt der Königin zu kümmern schien, voraus statt neben ihr ging und sie, hinter ihm zurückbleibend, wie ein kleines Mädchen seine Seite suchte. Als Gast bei seinem „Auswärtsspiel" missachtete er die Hausherrin und Gastgeberin, hier Queen Elisabeth II. Ein aufrichtig würdevolles Auftreten in Mimik, Gestik und Haltung seinerseits fehlte nach meinem Dafürhalten gänzlich.

Wir alle haben etwas Narzisstisches in uns, doch wie zeigt sich krankhafter Narzissmus? Im Buch *Narzissmus: Grundlagen – Störungsbilder – Therapie* erläutern verschiedene Autoren der Herausgeber Kernberg und Hartmann die Abgrenzung eines gesunden und pathologischen Narzissten (Kernberg 2006). Immer geht es um die Regulierung des Selbstwertgefühls. Das selbstunsichere Verhalten ist einem Narzissten auf den Leib geschrieben, zeigt sich jedoch nicht als unsicher, sondern als selbsterhöhend, so der renommierte amerikanische Psychiater und Psychoanalytiker Kernberg. In *Borderline-Störungen und pathologischer Narzissmus* (Kernberg 2009) beschreibt er die übertriebene Selbstverherrlichung sowie die Rücksichtslosigkeit des Betroffenen und eine fehlende Empathie für andere. Pathologische Narzissten müssen zu jeder Zeit im Mittelpunkt stehen. Sie zeigen einen übertriebenen Kontrollmechanismus. Hohe Ansprüche an sich und ihre Umwelt zusammen mit grandiosem Auftreten bringen ihnen Kritik ein, die sie zuweilen mit ungebührlichem Verhalten abweisen. Trotz ihres natürlichen Wunsches nach Zugehörigkeit, sorgen ihre Rücksichtslosigkeit und ihr häufig demonstrierter Mangel an Empathie für Konflikte. Dann können sie höchste

Empfindlichkeit zeigen. Kernberg redet von Depression und höchster Euphorie, was sich als BPS (Borderline-Persönlichkeitsstörung) zeigt. Für ihre Umwelt sind Borderline-Betroffene extrem anstrengende Energieräuber. Bei Borderline-Betroffenen können, für Außenstehende scheinbar unwichtige, Situationen große Angst, Schuld, Scham, Wut, Traurigkeit oder ausgeprägten Selbsthass hervorrufen. Schnell wechselnde Emotionsausbrüche sind nicht nur stärker als die von gesunden Menschen, sondern halten auch länger an.

Narzissten, die noch dazu unter einem Borderline-Syndrom leiden, müssen kontinuierlich Angst haben. Angst, nicht zu genügen, Angst, sich selbst in den Spiegel zu schauen. Eine Längsschnittstudie von John G. Gunderson und seinen Kollegen von der Harvard University brachte hervor, dass die Mehrheit der Borderline-Patienten trotz Behandlung weiterhin große Probleme in Partnerschaften, Freundschaften, mit der Familie oder Kollegen haben (Gunderson und Singer 2011). Die Neurobiologie bewies, dass die linke Amygdala, der Teil des Gehirns, der vornehmlich Gefühle erinnert und interpretiert, stärker auf negative Bilder, Wörter und Gesichter als die von gesunden Teilnehmern der Studie reagiert. Verglichen mit Gesunden zeigen die Probanden einen weniger aktiven dorsolateralen präfrontalen Kortex auf. Dieser hat bei der Regulation von Gefühlen eine Schlüsselrolle. Möglicherweise reagieren die Betroffenen daher nicht adäquat auf emotionale Reize.

Das Borderline-Syndrom in Verbindung mit Narzissmus sollte von der Gesellschaft dringend ernst genommen und von Spezialisten behandelt werden, denn oft dämpfen die Patienten ihre heftigen Emotionen auf ungesunde Weise: „Zum Beispiel verletzen sie sich selbst, konsumieren exzessiv Alkohol oder andere Drogen, fahren riskant Auto, geben unkontrolliert Geld aus oder essen übermäßig viel. Ein solches Verhalten kann die innere Anspannung tatsächlich kurzzeitig abmildern. Langfristig schadet es jedoch dem Körper, der finanziellen Situation oder dem Berufserfolg" (Niedtfeld und Schmahl 2017).

Die Angst, abgelehnt oder ausgeschlossen zu werden ist nicht nur eine Urangst, doch bei APD-Menschen sitzt sie besonders tief. Vielleicht erwarten sie gar, ausgegrenzt zu werden. Babette Renneberg und ihre Kollegen von der Freien Universität Berlin führten eine Studie mit Borderline-Betroffenen durch. Selbst wenn sie bei einem Ballspiel objektiv gleich häufig zum Zug kamen, fühlten sich diese Betroffenen „ungerecht" behandelt. Ob dies eine Parallele zu Donald Trumps häufigen öffentlichen Empörungen über Ungerechtigkeiten darstellt? Niedfeldt berichtet, Borderline-Verhaltensmuster beginnen in der Jugend und verfestigen sich im Erwachsenenalter mit chronischem Verlauf. „Menschen mit einer solchen Persönlichkeitsstörung fällt es besonders schwer, ihr Verhalten zu ändern und neuen Situationen anzupassen … Am besten belegt und in Deutschland am weitesten verbreitet ist hierfür die DBT, Dialektisch-Behaviorale Therapie" (Niedtfeld 2014). Hier lernen die Patienten, ihre Gefühle zu regulieren und nicht so stark auf Impulse zu reagieren. Therapeutische Ansätze, Patienten durch den Einsatz ihrer Gedankenkraft Erleichterung zu verschaffen, zeigen ebenfalls Erfolge.

Ängste, die chronisch auftreten sind problematisch. Nur ein Spezialist kann sie nachweisen. Es ist das Gehirn eines chronisch an Angst Leidenden, welches stark auf Zurückweisung reagiert. Es ist das Gehirn, das häufig einen Streit vom Zaun bricht, wenn es gar keinen offensichtlichen Grund gibt. Negative Nachrichten oder eine negative Stimmung im Umfeld stecken so Betroffene leichter an als gesunde Menschen. Missverständnisse sind zu erwarten. Die Intonation, also die emotionale Tönung, überschattet bei Borderline-Betroffenen den Inhalt des Gesagten. Einfach gesagt, sind Gefühl und Intellekt zumeist aus der Balance. Die stetige Angst, verlassen zu werden führt zu übermäßiger Kontrolle. Borderline-Persönlichkeiten zeigen größtes Misstrauen. Wer in einer Borderline-Umgebung aufwuchs, sich sozialisierte oder arbeitet, dem sei empfohlen, seine Prägungen besonders intensiv zu überprüfen, denn wir wissen, dass Schicksalseinflüsse unsere ICH-KULTUR® prägen. Daher ist es besonders wichtig, sich mit der zerstörenden Kraft negativer Gefühle zu befassen, im Besonderen, wenn wir aufgrund unserer beruflichen Tätigkeit direkten Einfluss nehmen auf unsere Umgebung. Es geht um das Verständnis unseres sinnhaften Handelns (Warwitz 2001). Eine Führungskraft geht naturgemäß voraus, ist nicht nur hierarchisch vorgesetzt. Eine Führungskraft repräsentiert als Botschafter die Organisation um ein Vielfaches, als es von jedem normalen Mitarbeiter zu erwarten ist. Identifikation mit dem Unternehmen, Loyalität und Mut sind für mich äußere Grundpfeiler gegen Ängste, die wir uns manchmal selbst auferlegen.

5.3   Auferlegte Ängste

Mitarbeiter, die ihren Ängsten unterliegen, fallen durch ungewöhnliche Kommunikation auf. Gesichtsausdruck, Atmung, Stimme und Gestik lassen ihre Unsicherheit erkennen. Ich erinnere mich an einen Teilnehmer in einem meiner Firmenkurse. Seine Beiträge beendete er zumeist mit einem lauten, schweren Seufzer. Ich vermutete, dass er unter großem Stress leiden müsse, wenn er vor der Gruppe sprach. So nahm ich ihn zur Seite und fragte nach seinem Befinden. Er erzählte, dass sein Vater gestorben war und er fürchtete, seine Trauer könne seine „Performance", also seine Arbeitsleistung, beeinträchtigen. Auf die Frage, warum er sich nicht ein paar Tage zusätzlich frei genommen hätte, antwortete er, es gäbe keine Zeit für Auszeiten in der Firma. Wieder ein Kandidat, der sich selbst zuerst als Ausführungsinstrument sah, statt sich zuallererst als Mensch wahrzunehmen. Wohl lebte er nach dem Glaubenssatz „Sei stark" und wollte diesen unter allen Umständen befolgen. Doch seine Gefühle überwältigten ihn. Wegen einer Angst, nicht zu genügen, kann es sein, dass wir noch mehr emotionalen Stress bekommen, indem wir versuchen, unsere Ängste zu verschleiern. Das strengt an. Er bedankte sich für die kurze Konversation am Rande des Workshops. Ich schlug ihm vor, mich anzurufen, falls er ein längeres Gespräch wollte. Er rief nicht an. Dennoch hoffe ich, dass er den Impuls unserer Unterhaltung aufnahm, mithilfe anderer gut durch seine Trauerzeit kam und später sein Verhalten überprüfen und seine Ängste genauer anschauen konnte.

Eine Führungskraft ist kein Therapeut. Wohlwollen und Umsichtigkeit führen jedoch dazu, positiv oder negativ auffallendes Mitarbeiterverhalten von Unterstellten oder der Peergroup zeitnah anzusprechen. Führungskräfte brauchen hierfür die Überzeugung, dass Mitarbeiter tatsächlich das wichtigste Kapital im Unternehmen sind, und sie brauchen Mut für diese Ansprache. Wer als Führungskraft dem Glaubenssatz folgt „Sei perfekt" oder „Mach schneller", verlangt dies auch von Mitarbeitern. Wir müssen achtgeben, von unseren Mitarbeitern das zu verlangen, was sie geben können, nicht was wir aus ihnen quetschen können. Für Lob, Tadel und den Verdacht von Leistungsproblemen gibt es Mitarbeitergespräche. In meinen Coachingsitzungen für FührungsKRAFT höre ich häufig: „Wie soll ich das dem Mitarbeiter oder dem Chef sagen? Ich möchte mich nicht blamieren." Diese Unsicherheit nimmt das ELAN-HAND-MODELL auf, indem es die Komponenten erklärt, welche für die Vorbereitung eines Mitarbeitergesprächs dringlich sind. So kann Zuversicht geschaffen werden für ein erfolgreiches Gespräch. Die Erklärung zur Anwendung des ELAN-HAND-Modells finden Sie in Abschn. 6.2.5.

Urängste haben eine lebenserhaltende Funktion. Manchmal leiden wir unter konditionierten Ängsten. Wenn wir beispielsweise vor Krabbeltieren oder Mäusen Angst haben, haben wir uns diese Angst angewöhnt (Stangl 2018). Das Beispiel oben zeigt eine selbst auferlegte Angst, die man Versagensangst nennen könnte. Unsere Glaubenssätze konditionieren auch unsere negativen Erfahrungen. Wir reden uns oft ein, dass wir Angst haben. Der Mitarbeiter im vorgenannten Beispiel hatte womöglich irgendwann in seinem Leben Erfahrungen gemacht, die ihn nun, da er trauerte, ein Verdrängungsverhalten aufzwangen. Er meinte, Trauer zu zeigen sei eine Schwäche. Diese Annahme ließ jedoch eine echte Schwäche entstehen, nämlich die seines angstvollen Verhaltens. Man möchte sich nicht ausmalen, welche Folgen sein offensichtlich unsicheres Verhalten in seiner Abteilung und gegenüber Kunden hätte haben können, hätte er unaufmerksame Kollegen oder Vorgesetzte gehabt. Für Führungskräfte mit ICH-KULTUR® gilt daher, dass sie sich ihrer eigenen Ängste bewusst sind und solche ihrer Unterstellten ernst nehmen, damit ein Teufelskreis vermieden wird.

Auferlegte Ängste sind omnipräsent in unserer Gesellschaft. Sie beeinflussen unsere tägliche Stimmung. Weil wir Angst haben, etwas zu verpassen, tragen wir möglicherweise ein Gerät am Armband, welches uns im Minutentakt die neuesten Nachrichten einspielt. Weil wir Angst haben vor Langeweile oder Lustverlust, suchen wir den „Thrill" und verordnen uns ein wenig künstlich generierte Angst. Wir rasen im Roller-Coaster-Wagen durch gewundene Abgründe. Weil wir Angst haben, unser Ansehen zu verlieren, lassen wir uns bei diesem Erlebnis auch noch vor der Filmkamera interviewen. Diese Schnapsidee eines Extreminterviews „auf den Kopf gestellt" mit Politikern und Lokalgrößen hatte ein Redakteur einer Zeitung, wohl, weil er Angst um den Verlust seines eigenen Ansehens oder der Attraktivität seiner Zeitung hatte. Wegen ihrer Angst, als spielverderbende Angsthasen gesehen zu werden, machten die Eingeladenen mit. Wie passend oder unpassend ihre Antworten während der rauschenden Fahrt waren, bemerkten sie sicherlich durch die Begutachtung der Filmaufnahme. Weil wir Angst um unsere Anerkennung bei anderen haben, werden wir Trittbrettfahrer. Wir kaufen uns ein Apple-Notebook, um unser Image zu pflegen. Weil wir Angst haben, allein zu sein, tummeln wir uns stundenlang im Kreis von Golfspielern, obwohl uns der Sport gar keinen Spaß macht. Weil es andere auch so machen und uns die Werbung ein „Sollen", den sogenannten „Call-to-Action" auferlegt, schaffen wir einen Schrittzähler an, nehmen uns an ein Gängelband, kontrollieren uns und verfallen in der Folge einer neuen Angst. Sie ist die Furcht, nicht perfekt zu sein. Wir gehen faule Kompromisse ein, weil wir Angst haben, das Gesicht zu verlieren. Dabei schauen wir uns gar nicht erst in den Spiegel, weil wir Angst haben, etwas zu entdecken, was uns nicht gefällt. Diese Ängste erlegen wir uns selbst auf. Angst vor der Angst zu haben, führt zu Ausuferungen in der Gesellschaft, wie wir sie momentan in vielen Ländern der Erde erleben. Die gegenwärtige Angstmache in Deutschland durch wenige Politiker, Extreme und soziale Medien zeigt sich im Gewand einer nach gesellschaftlicher Übermacht strebenden Kraft, die unsere sonst so sichere Umgebung verdeckt.

Die Angst wegen der Angst brütet so öffentlich neue Ängste aus. Dieser sich ausbreitende Virus kann von jedem Einzelnen gestoppt werden, indem wir besonnen und achtsam kommunizieren. Dies ist eine intellektuelle Leistung. Klatsch und Tratsch entstammen einer simplen Gedankenwelt. Wer Angst hat, hat sich oft nicht im Griff. Wer übersteigerte Angst hat, könnte unter krankhaften Auswirkungen leiden. Sind Sie sich unsicher, ob Ihr Mitarbeiter unter Ängsten leidet? Die Liste für Symptome für Angst und Depression, LSAD, ist eine validierte Selbstbeurteilungs-Symptomcheckliste mit 68 Punkten, welche Auffälligkeiten mit Hinweisen auf ein Störungsbild ermöglichen soll (Krumme 2012). Ein Fragenkatalog wird von Fachärzten zur Verfügung gestellt. Darin geht es um plötzlich auftretende Angstattacken, Gleichgewichtsstörungen, Überempfindlichkeit gegenüber Licht, Berührung oder Lärm, Einschlafschwierigkeiten, Unvermögen, sich zu entspannen, übermäßiges Schwitzen etc. Reden Sie mit ihren Kollegen im Vertrauen, schicken Sie ihn zum medizinischen Dienst und erkundigen Sie sich regelmäßig über das Befinden. Ängste können sich vielfältig auswirken bis hin zur vollen Zerstörung einer zuversichtlichen Einstellung.

Weil Angst ein so beherrschendes und lautes Gefühl ist, hat es die sanfte Zuversicht schwer, sich Raum zu bahnen und die Stimme zu erheben. Wir brauchen daher Menschen mit einer bewussten ICH-KULTUR®, die schon in Kindertagen ein Wertebewusstsein entwickeln. Menschen, die Toleranz dort üben, wo sie der Gemeinschaft dient und andere nicht übervorteilt, Menschen, die sich in einen Dialog begeben, um zu verstehen und für ein gegenseitiges Sicherheitsgefühl sorgen. Jeder Mensch ist für seine ICH-KULTUR® selbst verantwortlich.

Literatur

Berufsverbände und Fachgesellschaften für Psychiatrie, Kinder- und Jugendpsychiatrie, Psychotherapie, Psychosomatik, Nervenheilkunde und Neurologie aus Deutschland und der Schweiz (2018) Neurologen und Psychiater im Netz: Informationsportal zur psychischen Gesundheit und Nervenerkrankungen. https://www.neurologen-und-psychiater-im-netz.org/startseite/. Zugegriffen: 12. Okt. 2018

Buchenau P, Walter C (2018) Chefsache Menschlichkeit. Springer Gabler, Wiesbaden

Gunderson J, Singer M (2011) Defining borderline patients. Off J Am Psychiatr Assoc 132(1):1–10

Harding G (2012) Topmanagement und Angst. Springer VS, Wiesbaden

Hasselmann V, Schmolke F (2009) Die sieben Archetypen der Angst. Goldmann, München

Hersey P, Blanchard K (1982) Management of organizational behavior, 4. Aufl. Prentice Hall, Englewood Cliffs

Hirnstein W (2013) What is a psychopath?

Kernberg O (2006) Narzissmus. Schattauer Verlag, Stuttgart

Kernberg O (2009) Borderline-Störungen und pathologischer Narzissmus Taschenbuch. Suhrkamp, Berlin

Kiehl K, Buckholtz J (2010). Inside the mind of a psychopath. Scientific American Mind, September/October, S. 22–29

Krumme J (2012) Validierung einer für die Praxis entwickelten Selbstbeurteilungs-Symptomliste für Angst- und depressive Störungen. Dissertation Ludwig-Maximilian-Universität, München

Myers G, Hoppe-Graff S, Keller B (2008) Psychologie, 2. Aufl. Springer, Berlin

Niedtfeld I (2014) Active versus reactive cooperativeness in Borderline Psychopathology: a dissection based on the HEXACO model of personality in Personality and Individual Differences Vol 56

Niedtfeld I, Schmahl C (2017) Borderline-Persönlichkeitsstörung: Emotionaler Ausnahmezustand, Spektrum der Wissenschaft. https://www.spektrum.de/news/borderline-persoenlichkeitsstoerung-emotionaler-ausnahmezustand/1455643. Zugegriffen: 12. Okt. 2018

Schulz von Thun Institut (Hrsg) (2018) Das Riemann-Thomann Modell. https://www.schulz-von-thun.de/die-modelle/das-riemann-thomann-modell. Zugegriffen: 12. Okt. 2018

Stangl W (2018) Gibt es Urängste im Menschen oder sind alle Ängste erlernt? Werner Stangls Psychologie News

Warwitz SA (2001) Sinnsuche im Wagnis. Leben in wachsenden Ringen. Erklärungsmodelle für grenzüberschreitendes Verhalten. Schneider-Verlag, Baltmannsweiler, S 333

Welt.de (Hrsg) (2018) US-Präsident Trump trifft auf Queen Elizabeth II. www.welt.de/politik/ausland/video179306340/Besuch-in-Grossbritannien-US-Praesident-Trump-trifft-auf-Queen-Elizabeth-II.html. Zugegriffen: 12. Okt. 2018

6

Auswege aus der Angst für Führungskräfte

Wir wissen, dass auch gesunde Menschen manchmal übergroße Ängste entwickeln, die zu weiteren negativen Emotionen führen. Die persönliche Stimmung beginnt zu leiden, setzt sich fort in die Familie und das berufliche Umfeld. Wer bei sich oder anderen Ängste erkennt, hat die Wahl, sie zu ignorieren oder anzuschauen. Als Leader ist es unsere heute, per Gesetz verordnete Pflicht, uns und unsere Unterstellten gesundheitsorientiert zu führen. Eine Voraussetzung ist das genaue Hinsehen und konsequente Handeln. Führungskräfte sind keine Psychotherapeuten. Es ist auch bekannt, dass Involvierten ein klarer Blick typischerweise schwer fällt, zu verstrickt sind wir aufgrund unserer Position und Emotionen. Wir sollten uns daher Unterstützung von außen holen. Der frische, neutrale und analytische Blick durch einen IPC®-Consultant auf das jeweilige System kann problematische Situationen aufdecken. Im nächsten Schritt entwickeln wir eine Strategie für Verhaltensänderungen und weitere systemische Möglichkeiten. Die Grundlage bildet hier die ICH-KULTUR® des betreffenden Klienten.

6.1 Mit ICH-KULTUR® gegen Impertinenz zum beruflichen Erfolg

Eine bewusst entwickelte ICH-KULTUR® kann Ängste eindämmen und Mut generieren. Dabei sollten wir uns kritisch der Gretchenfrage für unser Eigenmanagement stellen: „Können wir vertreten, was wir vertreten sollen?", also die Kultur und Ziele der Organisation. Und weiter: „Möchten

© Springer Fachmedien Wiesbaden GmbH, ein Teil von Springer Nature 2019
J. Malzacher, *Mut in der Arbeitswelt durch ICH-KULTUR*,
https://doi.org/10.1007/978-3-658-24809-3_6

wir die gelebte Kultur und Ziele der Organisation ohne Zweifel unterstützen? Inwieweit können wir sie durch unser Tun positiv beeinflussen?", und zuletzt „Möchten wir unseren Körper durch unnötige Ängste angreifen lassen?"

Eine talentierte Führungskraft, die intuitiv spürt, dass das Firmenleitbild und seine Grundsätze oder so wie sie von Vorgesetzten gelebt werden, nicht zu ihr passen wird sich schwertun, eine gute Führungskraft zu sein. Sie sollte auf ihr Bauchgefühl hören, gut analysieren und in der Folge konsequent handeln. Konsequentes Handeln zeigt sich in der Courage zu Veränderung und mutiger Kommunikation. Erst, wenn innere Konflikte bewältigt sind, kann der durch sie entstandene emotionale Stress weichen, erst dann können wir eine gute Führungskraft sein.

Eine Mitarbeiterin stieg die Karriereleiter über Jahre stetig auf. Neben ihrer operativen Tätigkeit interessierte sie sich zunehmend für „weiche" Themen wie Mitarbeiterführung, Onboardingmaßnahmen, Feedbacktechniken. Wenn sie wieder einmal eine neue Verantwortung übernahm, freute sie sich über die Herausforderung. Oft fand sie sich in der Rolle eines Change Agents. Während unserer Zusammenarbeit lernte sie schnell, mit analysierendem Blick auf Situationen zu schauen, indem sie in Distanz ging zu problematischen Situationen, diese durch eine neutrale Brille betrachtete, um dann ihre Ziele im Einklang mit den Organisationszielen und einer bewusst gewählten Strategie durchzusetzen. Eines Tages bot ihr das Unternehmen eine neue, vielversprechende Stelle in einem extrem sensitiven Bereich ihrer Organisation an. Dort angekommen und mit dem ungetrübten Blick eines Neuankömmlings merkte sie bald, dass sie auf feindseligem Terrain gelandet war. Ihr neuer Vorgesetzter wandte unlautere Kontrollmethoden an. Seine Kommunikation war nicht gewaltfrei, eher drohend (Rosenberg 2002). Misstrauen stellte sich ein. Mit ihrem gut entwickelten analytischen Blick wurde sie zum Detektiv. Ihr stetig wachsendes Misstrauen ließ sie jede neue Aktion ihres Vorgesetzten mit Argusaugen betrachten. Über die Zeit hatte sie viele Beweise gesammelt für das unethische Verhalten und die angsteinflößende Führungskommunikation ihres Vorgesetzten gegenüber Mitarbeitern und ihr selbst. Auf Beispiele hierfür verzichte ich hier aus Datenschutzgründen. Sie fühlte sich abgestoßen von ihrem Chef, begann, ihn als Feind zu sehen und wurde innerlich selbst zum Feind für ihn. Diese negative Haltung wirkte sich auf ihre Stimmung aus. Durch ihre kontinuierliche Habachtstellung war sie im Dauerstress. Ihre Widerworte zum Chef ließen diesen ihre Loyalität infrage stellen. Ihre Arbeit tat sie tadellos. Immer stärker wurden der Druck und die unangemessene Kommunikation durch den Vorgesetzten. Mitarbeiter, die schon lange in der Abteilung arbeiteten, spurten. Manche unterstützten gar den Chef bei seinen Aktionen. Meine Klientin empörte sich, bis ihr Ärger so groß war und sie ihn nicht mehr zurückhalten konnte. Durch den inneren Stress begann ihr Körper unter dem Druck zu leiden. Endlich entschloss sie sich, gegen den Chef vorzugehen. Das tat sie und verließ in der Folge das Unternehmen.

Als IPC®-Consultants sind wir mit unserer Begleitung stets im Hintergrund, doch wo nötig, jederzeit zur Stelle. Als Sparringpartner führen wir Gespräche, wenden unterschiedliche Fragetechniken an. Manchmal üben wir mit unseren Kunden Gesprächsführung für schwierige berufliche Situationen. In der Führung mit Kraft geht es um Eigenverantwortung, Rollenklarheit, selbstsichere Einflussnahme, Ziele und Strategien, situativ angemessene Kommunikation und vor allem die Entwicklung der eigenen Person. Dasselbe gilt für eine Coachingbegleitung. Eine ganzheitliche Sicht auf sich selbst schließt Gesundheitsorientierung, Spielerisches und Freude ein.

Jeder Mensch entscheidet, zumeist unbewusst, über seine informellen Rollen. Die oben beschriebene Klientin nahm, durchaus mit Abenteuerlust, die informelle Rolle eines Detektivs ein. Bewusst entschloss sie sich, stichhaltige Beweise für die impertinenten Handlungen des Chefs zu sammeln. Während sie sich unbewusst über ihn stellte, hoffte sie auf Besserung der Situation. Hier hilft die Anwendung der Transaktionsanalyse einer Klärung über zwischenmenschliche Interaktionen (Hagehülsmann 2007). Durch die informelle Rolle wurde sie vom Opfer zum Verfolger. Dies gefiel ihr für eine gewisse Zeit, bis diese Rolle in ihrem Inneren ihre eigentliche Businessrolle überwog. Ihren Absprung hatte sie unbewusst schon in den ersten Monaten ihres Ankommens programmiert. Ich gratulierte ihr zu ihrem Schritt, der ihr nun helfen konnte, ihre innere Balance wiederzufinden. Ihre ICH-KULTUR® wird sie nun noch einmal genauer anschauen. Diese letzte Stelle hat ihr viel Einsicht gebracht, mit der sie nun arbeiten kann. Sie wird erkennen, dass ihr zu viel Umsicht die Weitsicht verbaute und am Ende ihrem Wohlgefühl schadete. Möglicherweise wartet sie zukünftig in verwandten Situationen nicht mehr so geduldig und lange bis sie einen Schritt mit Gesundheitsorientierung tut.

6.2 Persönliche Ressourcen

Unsere wichtigste persönliche Ressource ist die angeborene Fähigkeit, eine Balance zwischen Herz und Hirn herzustellen; sofern wir körperlich und geistig gesund sind. Hierzu brauchen wir einen festen Willen. Persönliche Ressourcen bauen auf Effektivität und Unmittelbarkeit. Hier schlummert der

Effizienzgedanke. Unmittelbarkeit wirkt sich tatsächlich als Zeitersparnis aus. Dies meint nicht einen Grundsatz: „Schnell – um jeden Preis". Menschen sind keine Maschinen, sondern besonders komplexe Wesen. Jeder kann nur die Ressourcen abrufen, die er in seinem Leben bis dato entwickelt hat, inklusive der an sein persönliches Tempo angepasste Geschwindigkeit (persönliche Effizienz). Nicht jeder Mensch ist zum Marathonläufer geboren, nicht jeder Mensch kann ein Langstreckenschwimmrennen meistern, nicht jeder kann mit Höchstleistung Sprints abliefern. Fähigkeiten sind Grundlagen für Erfolg durch viel Übung und Erfahrung. Bei manchen Menschen scheint die Fähigkeit, eine Herz-Hirn-Balance und damit Empathie zu erreichen, unterentwickelt. Dies mag an der Gehirnstruktur desjenigen liegen, wodurch seine Fähigkeit zur Angstempfindung und Empathie in den entsprechenden Bereichen, vor allem in einer beschädigten Amygdala (Mandelkern im Gehirn) minderentwickelt ist (Feinstein 2013). Selbstempathie bedeutet nicht Egoismus, es handelt sich vielmehr um die lebensgestaltende Selbstfürsorge. Hier erzähle ich Ihnen die Geschichte, wie ich lernte, meine eigene Selbstfürsorge als Teil meiner ICH-KULTUR® zu stärken.

Mein Herz schlug höher als ich Stephen Coveys Buch las und mich darin wiederfand in meinem Unterstützungsbestreben bei der Entwicklung von Persönlichkeiten. Lange bevor Stephen Covey mit seinem Buch *7 Habits of Highly Effective People* in Deutschland bekannt wurde, hatte ich es aus USA mitgebracht. In den 1990er-Jahren befasste ich mich eingehend mit der Idee des Empowering. In meinem damaligen Institut für internationale und interkulturelle Kommunikation und Sprachen im nordöstlichen Baden-Württemberg heuerte ich Mitarbeiter aus vielen unterschiedlichen Landeskulturen an. Expats oder Führungskräfte, die aus anderen Ländern in unserer damaligen Region eingestellt werden, gehören auch heute noch zu meinen Kunden. Sie empfanden dieselben Herausforderungen wie meine Mitarbeiter, die durch vom Schicksal bedingte Entscheidungen nach Deutschland kamen. Meine damaligen Hochschulstudenten für internationale Betriebswirtschaft und Verkehrsbetriebswirtschaft sollten sich als Teil des Studiums mit interkulturellen Themen befassen, das Thema Diversity war noch nicht allumfassend in Deutschland angekommen. Andere Kunden, viele aus der damaligen DDR in den Westen kommend, mussten sich hier integrieren. Eines hatten sie alle gemeinsam, es war der Umgang mit dem Unbekannten, Fuß zu fassen in einer ungewohnten Umgebung mit anderen Mentalitäten. Der gelassene Umgang mit Überraschungen fehlte ihnen. Egal welcher Herkunft, egal aus welchem Grund sie sich in Deutschland aufhielten, alle hatten Eingewöhnungsschwierigkeiten. Hoch allergisch reagierten manche auf ungewohnt schroffe Anforderungen vonseiten der Ämter oder Arbeitgeber. Zu den Kollegen bei ihrer Arbeit hatten viele nicht genügend Kontakt, fühlten sich ausgeschlossen und kamen mit der erlebten Distanz nicht zurecht. Unverständnis, Ärger, Unsicherheit und Missverständnisse führten zu Ängsten, es nicht schaffen zu können in der neuen Umgebung. Egal, ob sie ins Ausland gingen oder aus dem Ausland kamen, die meisten waren unsicher und hatten Sorge, womöglich nicht erfolgreich zu sein. Stereotype stellten sich ihnen in den Weg. Zeitweise erschienen mir die Menschen hilflos, sie suchten vertrauensvolle Ansprechpartner. Zum Heimweh und den Sprachbarrieren gesellte sich niedriges Selbstvertrauen. Mein Mitgefühl wuchs mit jedem Tag. Heute bin ich mir nicht sicher, ob damals Mitleid mitschwang. Inmitten meiner Firma wurde ich zum willkommenen Anlaufpunkt als Helfer bei großem und kleinem emotionalem Stress. Einige wenige meiner Mitarbeiter verstanden intuitiv, dass wir weit mehr waren als nur ein Trainingsinstitut für interkulturelle Kommunikation. Sie unterstützten mich dabei, einen liebevollen Ort zu schaffen für die emotionalen Nöte der Menschen. Schnell sprach sich herum, dass man sich bei uns wohlfühlen würde und die gewünschte Unterstützung bekäme. So wuchs meine Firma rasch, war als verlässlich und kompetent bekannt. Ich selbst war fokussiert auf meine Familie und meine schöne Arbeit. Oft war ich im Flow, vergaß ich mich im Taumel meiner Freude über die gelingende Arbeit.

Dann kam der Wendepunkt. Meine vielen Rollen – unterstützende Ehefrau, Mutter dreier Kinder, Firmeninhaberin, Managerin, Vertrieblerin, Führungskraft, Trainer und Coach – wollte ich erfolgreich ausfüllen. Dies war zeitweise extrem anstrengend. Ich funktionierte auf Autopilot. „Allen recht tun, perfekt sein" war auch mein unbewusster Antreiber bei der gleichzeitigen Furcht, nicht genügen zu können. Ich powerte, funktionierte, gönnte mir keine Auszeit, keinen Rückzug, wollte alles hinkriegen, vergaß, dass mein Körper und meine Seele Bedürfnisse hatten, die kaum erfüllt wurden. Meinen Geist hielt ich wach, während anderes verarmte. Irgendwann konnte ich nicht mehr. Von meinem Ehemann erntete ich Missfallen und Kritik, was ich nicht verstehen konnte, sah ich mich doch als hingebungsvolle Hausfrau, die willig zu zahlreichen Dinner-Partys lud, bemüht, für ihn und seine Freunde eine gute Gesellschafterin und Köchin zu sein. Als auch von meinen Mitarbeitern Vorwürfe kamen, erreichte mein Selbstwert einen Tiefpunkt. Mein innerer Ärger, den ich niemandem zeigen wollte, wandelte sich in Trauer. Wenn wir uns trafen, hielt eine interessierte Freundin mit großem Langmut meine Erzählungen und traurige Stimmung aus. Dies half mir und erleichterte meine Seele. Dennoch, für mich selbst wurde ich immer unattraktiver, unverstanden und ohne Rückhalt, isolierte mich.

Zu all dem Unglück wankte meine Ehe. Eines Tages erkannte ich, dass ich aus Erschöpfung nicht mehr angemessen agieren konnte. Ich fühlte, dass meine körperlichen und seelischen Ressourcen aufgebraucht waren. Selbst war ich nicht in der Lage, mir effektive Unterstützung zu organisieren, doch aufgeben war keine Option. Langsam schlich sich eine noch größere Angst in mein Leben. Sie zeigte sich mir wie eine hoffnungslose, dicke Nebelwand; sie versperrte mir den Blick. Kraft- und energielos verrichtete ich meine täglichen Pflichten. Menschen gingen mir auf die Nerven; meine Lärmempfindlichkeit erreichte einen Höhepunkt. Körperliche Muskelschmerzen ließen mich nicht mehr schlafen. Medikamente halfen nicht. Eine Ärztin schickte mich in eine orthopädische Klinik. Dort wusste man nichts mit mir anzufangen. Meine Kinder konnte ich nicht alleine lassen, so verließ ich die Klinik nach drei Tagen auf eigenen Wunsch und suchte mir eine ambulante Behandlung. Dies war meine Rettung. Durch die mentale Unterstützung meiner Physiotherapeutin fühlte ich mich angenommen, akzeptiert so wie ich war, hilflos und beschämt, weil ich meine bekannte Stärke verloren hatte. Mein ganzer Körper schmerzte, dazu konnte ich nun stehen. Hier musste ich mich nicht verstellen, die Starke spielen. Meine Physiotherapeutin hörte zu und erzählte über sich. Ihre resolute Art war damals das genau Richtige für mich, jemand nahm mich ernst und setzte sich ein, damit es mir besser gehen sollte. Nach vielen Monaten fühlte ich wieder Zuversicht, ich konnte wieder lachen. Da erinnerte ich mich an die 7 Habits, die sieben Gewohnheiten, von Stephen Covey. Wenn es mir besser gehen sollte, musste ich agieren. Ich überlegte wie mein Leben in der Zukunft aussehen sollte, ich setzte Prioritäten, wollte verstanden werden. Win-win-Ergebnisse waren mir wichtig. So begann ich, die Richtung meiner Firma zu überdenken. Der früher eingeschlagene Weg erschien plötzlich erschreckend unpassend. Veränderung wollte sich durchsetzen. In meinem inneren kreativen Prozess betrachtete ich mich aus einer anderen Perspektive. Ich festigte meinen Lebenssinn. Meine ICH-KULTUR® bekam neue Impulse. In der Wüste New Mexicos, beim Presence Walk-About, begleitet von meiner Kollegin und Supervisorin Glenna Gerard, hatte ich mein „Zuversicht-Erlebnis" (Malzacher 2018). Meine Unsicherheit wich, ich fasste neuen Mut. Ich wusste, manches in meinem Leben würde sich verändern müssen. Wenn es besser werden sollte, musste es anders werden. In der Folge trennte ich mich von Personen und Dingen mit schwerem, aber einem sicheren Herzen. Ich fasste neuen Mut. Schließlich begann ich ein anderes Leben, ohne „stützenden" Mann an meiner Seite. Noch heute, in den ersten Dekaden des neuen Jahrhunderts, sagt mir nicht nur meine betagte Mutter, ich wäre nur eine halbe Person ohne Partner, sogar gleichaltrige Menschen fällen ein solches Urteil. Hin und wieder fühle ich noch heute eine gesellschaftliche Ausgrenzung wegen meines Single-Status – natürlich bei Ungleichgesinnten. Diese Art der Exklusion zeigt sich als eine Furcht vor dem Ungewohnten. Leide ich darunter? Mitnichten. Als Gewinn aus meinem bisherigen Lebensweg schöpfe ich in einem erfrischten Lebensstil mit interessanten Freunden, der finanziellen Unabhängigkeit und der Freiheit, dass ich das Glück habe, beruflich tun zu dürfen, was mich erbaut und als Geschenk meine damit verbundenen Glücksgefühle erhalte. Es war ein langer Weg, gepflastert mit Freude, Angst und Trauer. Indem ich mir erlaubte, meine inneren Ressourcen zu aktivieren, wurde ich immer ein bisschen glücklicher.

6.2.1 Angstbewältigung – Versteckte Ressourcen aktivieren

Menschen haben angeborene Schreck- und Angstreaktionen. Wir alle haben Urängste wie oben beschrieben. Zuweilen leiden wir an Ängsten, die wir in unserer Sozialisation oder durch negative Schicksalseinflüsse erlernt haben. Manchmal machen uns bedeutsame Lebensübergänge zu schaffen. Jeder davon birgt auch eine Chance. Wenn wir uns im Übergang befinden, will und darf diese Chance erkannt werden.

Wir alle haben versteckte Ressourcen, die es uns ermöglichen, unangenehme Situationen und Einflüsse zu reduzieren, mit Schicksalseinflüssen umzugehen. Hierzu gehören subjektive physische und psychische Ressourcen sowie biologische, soziale, materielle und spirituelle (Ahbe 1997).

Ich wurde zu meinem eigenen Change Agent, indem ich intuitiv eigene lang versteckte Ressourcen neu aktivierte. Während meiner Trennung, der Überforderung durch Veränderungen, dem Ab- und Aufflammen meiner beruflichen Tätigkeiten, begann ich, gegen alle Widrigkeiten, mein Leben neu zu strukturieren. Ich ließ neue Bekanntschaften und Freundschaften zu, erkannte, dass meine Spiritualität dem Allumfassenden und der Natur galt. Meine Existenzangst wich mehr Zuversicht. Ich erlaubte mir, privat Grenzen zu setzen. Mein Leben richtete sich mehr an gesundheitsfördernden Strategien aus, ich studierte und bildete mich weiter, suchte mir eine weitere Supervision, erkannte neu meine dysfunktionalen Prägungen und Glaubenssätze. Ich schrieb Journale und kleine Artikel, tanzte sportlich, begann wieder Klavier zu spielen, bepflanzte einen riesigen Garten. Schließlich baute ich ein ganzes Haus um, welches ich später mit Gewinn verkaufen konnte. Aus meiner zuerst angsteinflößenden Krise kam ich gestärkt heraus mit gewachsenem Selbstvertrauen. Ich war wieder das Sonnenkind als das ich mich die meiste Zeit meines Lebens gefühlt hatte.

Das tiefste Tal meines Lebens wartete schon. Die immense Herausforderung, es zu durchqueren wurde zur unvermeidlich größten Prüfung meines bisherigen Lebens. Mein Sohn wurde schwer krank. Eine neue, viel größere Angst legte einen dunklen Schleier über unser Leben. Ohne meinen zuvor neu gefassten Mut hätte ich meinen Sohn nicht mit Zuversicht bei seinen vielen Krankenhausaufenthalten begleiten können. Als er uns nach elf Jahren Überlebenskampf verließ, waren seine Geschwister, sein Vater und ich trotz unserer tiefen Trauer froh über unseren Zusammenhalt während der vergangenen schweren Jahre. Heute weiß ich, dass wir uns gegenseitig bei unserer Entwicklung mentaler Widerstandskraft unterstützten. Die lange Leidenszeit meines Sohnes versetzte auch uns in eine lange Leidenszeit. Sie jedoch war der Anstoß zu einer neuen Art des Umgangs miteinander. Im Rückblick nenne ich die Chance durch einen Schicksalsschlag „den Anstoß zu neuen Herzkompetenzen", die sich in mutiger Entschlossenheit, flexibler Entscheidungsfreude, Achtsamkeit, liebevoller Widerstandsfähigkeit zeigen. Psychologen nennen dies „Major Life Event". Ich habe selbst erfahren, dass ein solches großes Lebensereignis uns die Möglichkeit gibt, eine Herz-Hirn-Balance zu entwickeln.

6.2.2 Übungen für die unmittelbare Herz-Hirn-Balance

Plagende Ängste haben viele Gründe. Angst sitzt nicht nur im Gehirn und der Amygdala, sondern im ganzen Körper. Daher sollten wir auf unseren Körper achten. Forscher in Finnland um Lauri Nummenmaa untersuchten an über 700 Probanden wo sich Gefühle im Körper zeigen (Nummenmaa et al. 2013). Angst sitzt meist in der Herzgegend. Liebe fühlten die Probanden hauptsächlich im Kopf, im Oberkörper und der Körpermitte. Trauer zeigte sich bei der Mehrzahl der Probanden im Brustbereich und in den Gliedmaßen. Auch ich habe bei der Online-Untersuchung mitgemacht und fühle mich durch die Ergebnisse in meiner Wahrnehmung bestätigt. Interessanterweise wurde bestätigt, dass Menschen auf der ganzen Welt Gefühle an denselben Körperstellen spüren. Wir können dies somit für alle Kulturen als universell bezeichnen. Je nach ICH-KULTUR® unterscheidet sich jedoch der Umgang mit Gefühlen. Angst fordert bei Tieren und Menschen die Reaktion „Fight or Flight". Manchmal, so erwies eine Doppelblindstudie mit Experimenten an 133 Probanden, gelingt es dem menschlichen Nervensystem, unbewusst Vorhersagen zu treffen (Radin

2004). Manche Menschen können demnach ohne vorherige Erfahrung spüren, wenn Gefahr droht und so diffuse Ängste entwickeln. Hier gilt es jedoch weiter zu forschen bis es eindeutige Belege gibt. So oder so ist es von Bedeutung, wie gut es uns gelingen kann, durch individuelle Maßnahmen unsere Ängste in den Griff zu bekommen. Was können wir nun tun für einen gelingenden unmittelbaren Umgang mit emotionalem Stress? Weil Panik ein großes Thema ist und in ausgeprägter Form zu Angststörungen gerechnet werden kann, möchte ich auf Angstanfälle hier nicht eingehen. Verspüren wir jedoch Lampenfieber oder durch überraschende Schicksalsereignisse Angst, so können wir durch Selbstsuggestion oder kleine Übungen versuchen, die Angst einzudämmen.

Dabei ist es zunächst wichtig anzuerkennen, welches Gefühl wir überhaupt spüren. Wenn wir uns in einer herausfordernden oder gar schlimmen Situation fragen, was wir in dem aktuellen Moment spüren, hilft dies schon sehr. Wir benennen also unser Gefühl, überlisten unser Herz durch das Hirn, durch Rationalisieren. Im nächsten Schritt sollten wir dieses Gefühl anerkennen statt es zu unterdrücken. Dann erst sind Menschen für einen gelingenden Umgang mit diesen zerstörerischen Gefühlen fähig.

Fragen
Manche Menschen haben eine so negative Haltung, dass sie sich wegen Kleinigkeiten aufregen oder fürchten. Wenn sie diese negativen Gefühle bei Menschen als Muster enttarnen, wäre es höchste Zeit, mit ihrem Freund, Partner, Kollegen oder Vorgesetzten ein Gespräch zu führen. Eine Angststörung könnte sich dahinter verbergen. Sollte es nicht so dramatisch sein, dürfen Sie sich diese Frage stellen und damit für sich selbst Grenzen setzen: „Tut mir dieses Gefühl gut? Will ich es spüren mit allen Konsequenzen für meinen Körper. Ist es der Mensch, die Nachrichtensendung oder dieser Facebook-Post eigentlich wert, meinen Körper und seine Funktionen zu beeinflussen?", hier geht es nicht um Vermeidung, sondern ebenfalls wieder um das Herstellen einer Balance von Herz und Hirn. Wir rationalisieren das Emotionale. Gleichzeitig zeigen Sie, wie wertvoll Sie für sich selbst sind.

Bewusst Atmen
Im Bewerbungsgespräch kommt es auf die innere Haltung an, mit der wir uns präsentieren. Fühlen wir uns klein und als Bittsteller, indem wir dem Gegenüber übersteigerte Macht über uns geben, können wir Atemtechniken anwenden, um unsere Herzfrequenz zu reduzieren. Wir atmen tief in den

Bauch, indem wir auf vier zählen und atmen tief aus, indem wir auf sechs zählen. Dies sollten wir dreimal hintereinander tun. Den ICH-PITCH kennen Sie aus meinem Buch *Mit ICH-KULTUR zum privaten und beruflichen Erfolg* (Malzacher 2018). Er ist ein wesentliches Element für die Vorbereitung eines Bewerbungsgesprächs. Wenn wir uns im Bewerbungsgespräch oder einem anderen wichtigen, an die „Nieren gehenden" Gespräch befinden, ist es überdies ratsam, ganz bewusst und ruhig auszuatmen, den Mund nach dem Sprechen nicht verkrampft zu schließen, sondern leicht geöffnet zu halten, damit die Luft natürlich strömen kann. Dies gilt auch für Präsentationen und Reden.

Singen
Wer sich in einer bestimmten Situation unsicher ist, kann mit einer kleinen Angst leicht umgehen, indem er ein Lied summt oder pfeift. Dies fordert die Zwerchfellregion und trägt zur Entspannung bei. Wenn wir uns ärgern singen meine Tochter und ich manchmal mit Inbrunst ein Lieblingslied (Hier: „Oh what a beautiful morning", aus dem Musical Oklahoma) mit auf die Situation angepasstem Text („Oh what a shameful morning, oh what a horrible day, I got a terrible feeling, nothing is going my way"). Dies öffnet das Ventil in unserem Körper, lenkt den Ärger – oder die Angstenergie – um und macht gleichzeitig Spaß. Der gesamte Organismus wird so mit frischem Sauerstoff versorgt, die Muskeln entspannen sich, Humor lässt sich nicht verjagen und unser Gemüt findet zu einer besseren Laune zurück.

Ballspielen
Jonglieren oder Ball spielen hilft ebenfalls, negative Energie in positive umzuwandeln. Wer sich auf drei Bälle gleichzeitig konzentrieren muss und dabei noch in Bewegung ist, entspannt sein Hirn leichter. Man stelle sich vor, wie jemand einen kleinen Ball ohne Unterbrechung dreißigmal auf den Boden schmettert. Dieser Mensch hat keine Zeit mehr, ängstlich zu sein. Tragen Sie also immer einen Tennisball mit sich für den Fall der Fälle.

Spazieren mit Zungenbrecher
Sie haben gesehen, dass die Energie aus Angst und Ärger am besten zu behandeln ist, wenn man seinen Körper in Bewegung bringt. Diese Übung ist ganz besonders hilfreich, denn sie bringt Sie garantiert in einen anderen Gemütszustand. Dabei ist darauf zu achten, dass Sie sich nicht erneut unter Druck setzen, sondern mit Wohlwollen gegenüber sich selbst agieren. Mag sein, Sie haben in einer bestimmten Situation noch Zugang zu ihrem Humorgemüt. Dann ist diese Übung etwas für Sie. Los geht's. Für den

Angsternstfall halten Sie an einem leicht zugänglichen Ort ein paar Zettel mit jeweils einem Zungenbrecher bereit. Sollte es zum Ernstfall kommen, ziehen Sie blind einen Zettel, ziehen sich gute Schuhe an; im Sommer geht es barfuß. Sie nehmen sich 10–15 min und marschieren in flottem Schritt los. Während dieser Minuten möchten Sie an nichts anderes denken, als den Zungenbrecher zu lernen. Sie reden so lange vor sich hin, bis Sie den Text auswendig können. Dann versuchen Sie ihn in drei sich steigernden Geschwindigkeiten aufzusagen. Wenn Sie zurückkommen haben Sie garantiert Abstand gewonnen zu dem Grund Ihrer Angst oder Ihres Ärgers, Ihren Körper gelüftet und Ihre Negativspirale im Gehirn unterbrochen. Wer im Arbeitsalltag an seiner Aussprache arbeiten möchte, könnte hiermit zusätzlich effektiv üben.

Hier ein paar Zungenbrecher für den Ernstfall; abwechselnd in Deutsch und Englisch:

- Zwischen zwei Zwetschgenzweigen zwitschern zwei Schwalben. Zwei Schwalben zwitschern zwischen zwei Zwetschgenzweigen.
- She sells sea shells by the seashore.
- Zaubernd zaubert der zauberhafte Zauber-Zäune-Zauberer zauberhafte Zauberzäune.
- Der Wachsmaskenmacher macht Wachsmasken – aus Wachs macht der Wachsmaskenmacher Masken.
- How much wood would a woodchuck chuck if a woodchuck could chuck wood?
- Blaukraut bleibt Blaukraut, Brautkleid bleibt Brautkleid.
- If you notice this notice, you will notice that this notice is not worth noticing.
- Der dünne Diener hilft der dicken Dame aus dem dicken Dreck. Die dicke Dame dankt dem dünnen Diener, dass er die dicke Dame aus dem dicken Dreck getragen hat.
- I wish to wish the wish you wish to wish, but, if you wish the wish the witch wishes, I won't wish the wish you wish to wish.
- Der zauberhaft zaubernde Mehlspeisenzauberer zaubert zauberhafte Mehlspeisen. Zauberhafte Mehlspeisen zaubert der zauberhafte Mehlspeisenzauberer.

Wenn mancher Mann wüsste, wer mancher Mann wär, Tät' mancher Mann manchem Mann manchmal mehr Ehr (Simrock 2011).

Kaugummi kauen oder rohe Karotte essen

Sie sehen, in Ruhe kann man sich nicht vom Ärger beruhigen, noch die Angst loswerden. Wer in Ruhe verharrt, dem geht es wie dem vom Scheinwerferlicht geblendeten Kaninchen. Wenn Sie in einer bestimmten Situation Ihren Körper nicht bewegen können, bewegen Sie fokussiert ihren Gaumen. Nichtallergikern könnte das bewusste Kauen eines Apfels oder einer harten Birne guttun, am besten jedoch ist eine rohe Karotte. Allergiker kauen Kaugummi. Wenn Sie sich dabei ausschließlich auf die Vorgänge und den Geschmack in Ihrem Mund konzentrieren, erleben Sie garantiert ein kleines Abenteuer und entspannen gleichzeitig Ihr Gehirn.

Progressive Muskelentspannung

Bleiben wir bei der Bewegung, denn bei Angst ist Verharren Gift für die Zellen. Nun stellen Sie sich in Schulterbreite hin und lassen Ihre Arme an beiden Seiten locker hängen. Konzentrieren Sie sich auf Ihre Hände. Sie möchten sich nun anspannen, und zwar langsam und so weit, bis es beinahe wehtut. Stellen Sie sich vor, Sie hätten Schwimmhäute zwischen den Fingern, die nun glattgebügelt werden. Sie halten die Spannung einige Sekunden und entspannen dann langsam. Machen Sie die Übung dreimal. Ein erfrischtes Gefühl wird Sie im ganzen Körper erfreuen sowie ein wacherer Geist. Sicher haben sich auch Ihre Angst und vor allem Ihr Ärger reduziert.

Aufschreiben

Wer ganz und gar keine ausgedehnte Bewegungsmöglichkeit in einer bestimmten Ärger-Angst- oder Angst-Ärger-Situation hat, kann schreiben. Richtig, auch Schreiben ist Bewegung. Aufschreiben von Gefühlen in bestimmten Situationen ist eine intellektuelle Leistung. Schreiben Sie Tagebuch oder, falls Sie Struktur brauchen, machen Sie sich eine Tabelle mit vier Spalten. In die linke Spalte schreiben Sie ihr Gefühl, in die Mittelspalte die Situation, die die Angst, den Unmut oder den Ärger verursachte und in die rechte Spalte schreiben Sie, wie die Situation ausgesehen hätte, wenn diese für Sie akzeptabel gewesen wäre. Als letztes fragen Sie sich, welches Gefühl Sie angestrebt hätten und tragen es in die vierte Spalte ein. Danach lassen Sie das Blatt liegen, nicht länger als einen Tag. Schlafen Sie darüber und überlegen Sie, wie Sie die Situation hätten beeinflussen können, wäre sie gemäß Ihrem Wunsch ausgegangen.

Beispiel

1. Tabelle erstellen

Chef greift mich aus heiterem Himmel verbal an, rügt mich laut. Ich lasse es über mich ergehen, sage nichts und verlasse das Büro mit einem hässlichen Gefühl	Wut Traurigkeit	Chef schildert seine Beobachtung und lässt mir Zeit für meine Äußerungen von Vermutungen und möglichen Erklärungen	Erleichterung

2. Die Situation hätte ich so beeinflussen können:
Ich bleibe standhaft, erkläre dem Chef meine Überraschung. Danach bitte ich den Chef um seine Erlaubnis, ihm eine Frage stellen zu dürfen (So stelle ich sicher, dass er mir zuhören möchte). Ich sage z. B.: „Frau/Herr XY, ich sehe, dass Sie sehr erregt sind. Darf ich später noch einmal kommen, um die Sache in Ruhe zu besprechen?"

Weitere Übungen für die nachhaltige Herz-Hirn-Balance

Gewaltfreie Kommunikation üben

Überzeugungskraft und Redegewandtheit sind im Beruf unverzichtbar. Wir überzeugen nicht, wenn wir „wölfisch" kommunizieren. Stattdessen sollten wir unser „Giraffenohr" öffnen. Dies heißt, Gefühle hinter einer Aussage erkennen können, sowohl bei uns selbst als auch bei unserem Gegenüber. Gewaltfreie Kommunikation, nach Marshall Rosenberg (Rosenberg 2002) behandelt zunächst die innere Haltung eines Menschen gegenüber anderen und gegenüber Situationen. Wer von Unsicherheit und Ängsten geplagt ist, kann durch einen Kurs in Gewaltfreier Kommunikation nicht nur seine Wirkung verbessern, sondern durch seine gewählte Rhetorik innerlich sicherer werden. In der Folge verbessert er seine Aufmerksamkeit, seine Selbstempathie, wird liebevoller und achtsamer gegenüber sich selbst, erkennt sein „Wölfisches" und kann so lockerer gegenüber Autoritäten auftreten.

Körperliche Bewegung – Tanzen

Menschen, die schon einmal wegen ihres Hochstresses und psychosomatischer Reaktionen in Behandlung waren oder sich durch Krankheiten in emotionalem Stress befanden, kennen die Wirkung von Bewegung auf die Stimmung. Es ist weithin bekannt, dass sportliche Betätigung bei Depressionen hilfreich ist. Eine Metastudie aus 30 Einzelarbeiten bestätigte

2010 die positive Wirkung von Sport auf die neuronale Verbesserung der Aufmerksamkeit, der Verarbeitungsgeschwindigkeit und der Erinnerung. Stefan Schneider, Neurowissenschaftler an der Sporthochschule Köln, untersuchte, wo im Gehirn Sport für „Entstressung" sorgt. Er fand heraus, dass bei Bewegung die Aktivität des präfrontalen Cortexes abgesenkt wird, weil sich die Aktivitäten mehr auf die muskulären Aktionen konzentrieren. Im präfrontalen Cortex laufen sensorische Informationen zusammen, werden Reaktionen entworfen und Emotionen reguliert. Eine abgesenkte Aktivität in diesem Bereich bedeutet daher Pausieren. Zusammenfassend kann man sagen, dass Bewegung das Gehirn in einen Zustand versetzt, das dem Flow-Zustand ähnelt (Böcker 2012). Der Psychologe und Begründer der Flow-Theorie, Mihály Csíkszentmihályi (2001), nennt Flow den mentalen Zustand, bei dem ein beglückendes Gefühl völliger Vertiefung erlebt wird, gleich einer Trance. Ob Joggen, Musikmachen, großflächiges Malen, Fußball, Rudern oder Tanzen, Bewegung hilft uns, mentales Gleichgewicht herzustellen. Wer am Gesellschaftstanz Freude hat, bereichert sich nach meiner eigenen Erfahrung noch bunter. Musik und der Kontakt mit einem geschätzten Partner sind interessante Zusatzreize für die Sinne. Vielleicht kennen Sie das beglückende Gefühl der kreativen Körperbewegungen, dem harmonisierenden Versinken in Musik und Bewegung. Dem Tanzenden zaubern sie ein Lächeln ins Gesicht, welches sich erwiesenermaßen wiederum positiv auf das Gehirn auswirkt. Hierzu verweise ich auf die Facial-Feedback-Hypothese, die besagt, dass Gesichtsmuskelbewegungen das eigene emotionale Erleben beeinflussen (McCanne und Anderson 1987).

Humor

Lächeln und Lachen beeinflussen unsere Gehirnfunktionen. Der indische Yogalehrer, Madan Kataria und Begründer des Lachyoga sagte: „Wir lachen nicht, weil wir glücklich sind – wir sind glücklich, weil wir lachen!" (Kataria 1999). Lachyoga ist für körperlich gesunde Menschen eine hilfreiche Entspannungsmethode, die erlernt werden sollte. Es ist jedoch hilfreich, grundsätzlich Humor in sein Leben zu bringen. Wer kleine Missgeschicke mit angemessenem Humor sehen kann, hat wahrscheinlich schon eine innere Gelassenheit erreicht. Andererseits könnten Sie lernen, Witze zu erzählen. Anderen beim Lachen zuzusehen, wird auch Ihnen ein Lächeln ins Gesicht zaubern.

1. Ein alter Mann ist beim Arzt. „Ich glaube, meine Frau hört nicht mehr so gut. Was soll ich tun?" Arzt: „Sie sollten das testen. Wenn Ihre Frau in der Küche ist, stellen Sie sich ca. 3 m hinter sie und fragen Sie sie etwas. Wenn sie nicht reagiert, gehen Sie ca. 50 cm näher. Tun Sie das so lange,

bis sie reagiert." Der Mann geht nach Hause, stellt sich 3 m hinter seine Frau und fragt: „Liebes, was gibt es zum Abendessen?" Sie reagiert nicht. Da tut er wie der Arzt empfohlen hatte und geht näher. Immer noch reagiert sie nicht. Als er schließlich direkt hinter ihr steht, dreht sie sich keifend um: „Zum 4. Mal, ich sagte Hühnchen!"

2. Ein Mann geht zum Psychiater: „Was sind eigentlich die Aufnahmebedingungen in Ihrer Psychiatrie?" Psychiater: „Wir füllen eine Badewanne mit Wasser und stellen dann einen Löffel, eine Tasse und einen Eimer zur Verfügung. Dann sagen wir demjenigen, er soll die Badewanne leeren." Mann: „Ah, verstehe. Ein normaler Mensch würde den Eimer nehmen." Psychiater: „Nein, ein Normaler würde den Stöpsel ziehen. Möchten Sie Ihr Zimmer mit oder ohne Balkon."

3. Eine alte Dame trinkt zum ersten Mal Whisky. Sie überlegt eine Weile und meint dann: „Merkwürdig, das Zeug schmeckt genauso wie die Medizin, die mein seliger Mann zwanzig Jahre einnehmen musste."

Tai Chi und Qigong

Vielleicht haben Sie auch schon einen respektvollen Bogen um Menschen gemacht, die im Park Qigong oder Tai-Chi-Übungen ausführen. Die Ruhe und selbstverständliche Standhaftigkeit dieser Menschen in Zeitlupenbewegung lösen in mir Ehrfurcht aus. Dabei sind die vielen Formen und Abfolgen des Tai-Chi-Chuan gar nicht leicht. Viel Konzentration und Koordination verlangen sie, mit dem Effekt, dass man auf sich selbst achtet. Wenn man sie beherrscht, kann man sie in den Alltag integrieren und so innerhalb von fünf Minuten eine innere Balance herstellen. Die energetischen Wechsel zwischen Yin und Yang (Leere und Fülle) steigern den Fluss der Lebensenergie, Qi genannt, äußere und innere Entspannung und erhöhtes Konzentrationsvermögen. Meine eigene Erfahrung mit Tai Chi ist so erfrischend, dass ich es immer weiter erlernen möchte. Qigong ist eine Bewegungskunst, die mit der Lebensenergie arbeitet. Im Chinesischen trennt man psychische und körperliche Gesundheit nicht. Die traditionelle chinesische Medizin (TCM) benutzt Qigong als Werkzeug für die Harmonisierung des Lebensenergieflusses und der Auflösung von Blockaden.

Meditation

Meditation geht nicht ohne Zielsetzung. Wer ohne Ziel meditiert, kann sicher keine Wirkung empfinden, weil er sich ohne Ziel nicht einlassen kann. Wenn wir uns jedoch mit einem klaren Ziel in Mediation begeben, kann sie uns von schwierigen Emotionen befreien. Güte und Mitgefühl, Empathie zu kultivieren sind häufige Ziele einer Meditation. Im Grundsatz möchte Meditation innere Freiräume schaffen, unser Gehirn leeren, damit sich darin neues entfalten kann. Bevor ich mit vielen Menschen bei Pater Anselm Grün Meditation erfuhr, hatte ich schon als Kind Ähnliches geübt, jedoch ohne Anleitung. Wenn ich heute eine Frage habe, die mich umtreibt, zünde ich eine Kerze an und schaue in die tanzende Flamme. Meine Disziplin hilft mir, aktiv das zu tun, was ich möchte. Ich atme bewusst tief ein und aus, lasse alle Gedanken vorbeiziehen. Mit der Zeit stoppt das Gedankenkarussell, ich werde immer ruhiger bis ich nur noch die tanzende Flamme sehe, diese mit der Zeit verschwimmt und mein Kopf sich entspannt. Jeder meditiert so wie es für ihn gut ist. Ein Wiesenspaziergang oder die Betrachtung einer Pflanze können ebenso zur Entspannung und Auslüftung unseres Gehirns beitragen.

Akupunktur und Shiatsu
Die TCM sieht Körper und Seele als Einheit. Herz, Lunge, Leber, Niere und Verdauung stehen in enger Beziehung mit der Psyche. Die Deutsche Akademie für Akupunktur berichtet, dass durch Akupunktur Störherde im Körper erkannt sowie Regulationstherapien eingeleitet werden können. Bei emotionalem Schmerz werden bestimmte Akupunkturpunkte benutzt, die mit Herz und Lunge in Verbindung stehen, sodass Menschen dadurch das Herz buchstäblich leichter würde. Bei Ängsten stärkt man die Nierenenergie. Leber und Gallenblase in Disharmonie erzeugen Ärger, Wut und Aggressionen. Durch Akupunktur kann man „diese Emotionen glätten und die Psyche harmonisieren" (DAA e. V. 2018).

Shiatsu, eine japanische manuelle Körpertherapie, soll den Fluss der Lebensenergie, Qi, unterstützen. Gibt es irgendwo einen Energiestau, können körperliche oder psychische Beschwerden resultieren. Der Shiatsu-Therapeut benutzt eine Druckmassage an den Meridianen, welche den ganzen Körper durchziehen und die Funktion jedes einzelnen Organs beeinflussen. Wie bei allen therapeutischen und helfenden Maßnahmen, ist die vertrauensvolle Beziehung zum Therapeuten von großer Bedeutung. Aus meiner Erfahrung, unterstützt diese zarte, wenig invasive Druckmassage den Kontakt mit sich selbst und so einen bewussten Zugang zu eigenen Energieräubern.

Für die unmittelbare und langfristige Entspannung von emotionalem Stress gibt es viele Aktivitäten. Zugegeben, es ist leichter gesagt als sie zu tun. Geduldiges Ausprobieren lohnt sich, als Mittel für die wirksame und, vor allem medikamentenfreie, Stressreduktion. Wenn wir uns und unseren Körper als endliches Unikat schätzen, liegt es nahe, dass wir nichts unversucht lassen sollten, ihn zu hegen und zu pflegen. Daneben halte ich die bewusste Entwicklung einer ICH-KULTUR® für essenziell. Sie hat Wirkung auf unsere Umgebung. Eine gesunde WIR-KULTUR kann entstehen, wenn wir das „Wir" in der Führung durch eine systemische Sichtweise den Team-gedanke wahrnehmen. Wer als Führungskraft ungewohntes und auffälliges Verhalten in seinem Mitarbeiter entdeckt, ist seiner Jobverantwortung zufolge aufgerufen, näher hinzuschauen und seine Beobachtung durch den Einsatz einer reflektierten Führungskommunikation beherzt anzusprechen. Diese bespreche ich im Folgenden.

6.2.3 Führungskommunikation für Menschen in schwierigen Lebenssituationen

Menschen finden sich durch Schicksalseinflüsse manchmal von jetzt auf nachher in schwierigen Lebenssituationen. Weil Gefühle oft über-mächtig sind, fällt ihnen damit eine rational effektive Kommunikation verständlicherweise schwer. Demnach ist von Betreuenden besonders viel empathisches Verhalten gefordert, denn häufig erst durch den Zuspruch durch andere Menschen gelingt es Betroffenen, ihrer Besserung zuver-sichtlich entgegenzusehen. Nicht nur wegen ihrer hierarchischen Stellung kommt auch hier der Führungskraft eine besondere Aufgabe zu, wie die folgenden Beispiele zeigen. Eine sich in Wiedereingliederung (Hambur-ger Modell) befindliche Mitarbeiterin erfuhr der Situation entsprechend eine angemessene Unterstützung durch ihren Chef. Dass ihm die Mit-arbeiterin wichtig war, wollte er zeigen, indem er für sie ein IPC®-Coaching organisierte als Begleitung zur Reintegration. Hierfür entwickelte ich vor Jahren einen Fahrplan mit interdisziplinarer Beteiligung. Während mei-ner Zusammenarbeit mit der, beim Vorgesetzten beliebten, Mitarbeiterin stellte sich heraus, dass ihr zurückliegendes Burn-out sie, wie andere Klien-ten, besonders empfindlich auf Kollegen reagieren ließ. Ihr Selbstwert und ihre Konzentrationsspanne waren niedrig, ihre Reaktionen auf Impulse hoch. Ihr Vorgesetzter wurde über unseren Prozess auf dem Laufenden gehalten und war zunächst zufrieden mit dem Prozess der Wiederein-gliederung. Über die Zeit stellte sich heraus, dass er überdies von mir als Consultant Überzeugungsarbeit gegenüber der Mitarbeiterin erwartete. Ich sollte durchsetzen, wofür er sich selbst nicht imstande sah. So sollte ich die Dame dazu bringen, an den alten Arbeitsplatz im Großraumbüro zurück-kehren zu wollen, ihren Schreibtisch mit exakt derselben Person zu tei-len, die unter anderem der Grund für ihren Hochstress gewesen war. Trotz meinen systemischen Einlassungen zum Thema Stress und gesundheitsorientierter Führung wünschte er sich nur, dass nach zehn Wochen Kur für die Mitarbeiterin alles wieder so sein sollte wie zuvor. Neben anderem erkannte ich, dass er als Co-Betroffener es nicht realisierte, dass er als extrem harmonieorientierte Führungskraft selbst proaktiv und mutig Konflikte angehen sollte, statt aus Konfliktscheue oder Bequemlichkeit einfach wegzusehen und die Arbeit einem Consultant zu überlassen. Co-Betroffene verfallen oft selbst in Lethargie oder Aktionismus. Mein Abschlussbericht gefiel ihm nicht. Inzwischen hatte die Mitarbeiterin ihre Bedürfnisse erkannt, Mut und Zuversicht geschöpft und sich nach einer anderen Stelle umgeschaut.

In schwierigen Lebenssituationen braucht es besonders einfühlsame Menschen als Begleiter. Berühmt und berüchtigt sind die vielen Zusammenschlüsse von Krankenanstalten in Deutschland. Helfertypen mögen den Wirtschaftsaspekt unseres Gesundheitswesens nicht. Dass Kliniken schon immer Wirtschaftsunternehmen sind, die mit Budgetdruck, Kosteneinsparungen und Kundengewinnung sowie Krankenverbleibzeiten umgehen müssen, wird leicht übersehen. Das Problem ist, dass Führungskräfte in dieser Art Wirtschaftsunternehmen Ärzte sind, die sich eigentlich einen Helfer- oder Forscherjob ausgesucht haben. Sie sind naturgemäß keine Manager und stehen damit unter dem Druck von Verwaltungsmanagern. Dennoch führen sie, wie in der Wirtschaft, in alle vier Richtungen. Zum Patienten (Kunde), zu den Unterstellten (Assistenzärzte und Pflegedienstleitung), in die Organisation (Team, Verwaltung, Öffentlichkeit) und schließlich hin zu sich selbst. Sie sind, wie in einem Wirtschaftsunternehmen, die Botschafter ihrer Klinik. Dies haben bis heute noch wenige Ärzte begriffen, wohl, weil sich ihre Weiterbildungsangebote eher auf medizinische Neuerungen fokussieren. Stehen Chefärzte im Zwiespalt mit Zahlen- und Faktendruck und angemessener Patientenbetreuung? Wie ein CEO in der Wirtschaft geben sie den Druck an die nächste Ebene weiter. Damit kann, wie in Industrie und Wirtschaft, eine unaufhaltsame Unsicherheitsspirale entstehen, in der sich ein zu lebendes Verantwortungsgefühl langsam aber sicher verwässert und am Ende seiner Existenz völlig entbehrt. Zu meinem Leidwesen hatte ich während meiner Lebenszeit und den langen Krankheitsjahren meines verstorbenen Sohnes mit vielen Ärzten und Chefärzten zu tun. Dabei wurde mir bewusst, warum es für viele Menschen in helfenden Berufen so schwierig ist, klar und gleichzeitig empathisch zu kommunizieren. Wie in der Wirtschaft, nehmen sich Helfende oft wenig Zeit zum Nachdenken über eine zielorientierte und empathische Kommunikationstechnik gegenüber ihren Schützlingen. Stattdessen agieren sie oft emotional angestrengt von Zeit- und Leistungsdruck. Missverständnisse resultieren. Wie in Industrie und Wirtschaft bemühen sich Helfende zunächst, technisch richtig zu handeln. So entsteht die Gefahr, den Menschen als Mensch und dessen emotionale Bedürfnisse aus der Betrachtung zu verlieren. Bewusst seien hier Notarzt und Notfallsanitäter ausgeklammert, die bei ihrem Einsatz zuallererst Leben retten und bei ihrem Notfalleinsatz nicht für die langfristige Heilung des Betroffenen zuständig sind.

Führungskommunikation aus Herz (Gefühl) und Hirn (Intellekt) benötigt Herz und Hirn des Kommunizierenden und, vor allem, Zeit. Zeit zum Ordnen, Nachdenken und Nachfühlen. Wir können nicht wissen, welche Gedanken in unserem Gegenüber vorgehen, während wir mit ihm sprechen. „Ja, aber…" ist eine häufig benutzte verbale Gegenattacke, wenn sich Menschen angegriffen fühlen. Weil schwierige Lebenssituationen auch die physiologischen Prozesse im menschlichen Gehirn betreffen, sollten wir die Möglichkeit berücksichtigen, dass wir auf Anhieb nicht jederzeit richtig verstanden werden. Wer als Zuhörer oder Sprecher hoch gestresst ist, könnte wichtige Informationen entweder missdeuten oder erst gar nicht hören. Als Dozent für Pädagogik beschreibt Rüdiger Reichle in einem Artikel auf der Website „Erziehungskunst" in den 1980er-Jahren, die Wahrnehmung von Kindern sei in Gefahr, denn sie würden den Zusammenhang aus verschiedenen Sinnesfeldern, z. B. Hören und Sehen, nicht erleben. Damit kam er zur Schlussfolgerung, ihr Gefühlsleben würde verarmen. „Aufmerksamkeit und Beteiligung sind Voraussetzungen dafür, dass uns die Welt als kohärent und belebt erscheint, dass wir an ihr Gefühle entwickeln und Begriffe bilden, und dass wir schließlich zu einem Handeln kommen, welches seinen Ursprung in freien Entschlüssen hat. Immer mehr Kindern fällt es schwer, die Welt als zusammenhängend und sinnvoll zu erleben, ihre sensorischen Wahrnehmungen parallelisieren sich zunehmend" (Reichle 1983). Dass dies so zutrifft, darüber berichten heute, dreißig Jahre später, viele Schulpädagogen und Ausbilder. Heute sprechen wir von Aufmerksamkeitsdefizit (ADHS) und von selektiver Wahrnehmung. Wir verdammen Achtsamkeitsübungen in unser Privatleben, statt uns diesen als Teil unserer beruflichen Weiterbildung zu verpflichten. Um die Kommunikation und ihre unübertroffene Wichtigkeit für das Gelingen eines zwischenmenschlichen Gesamtprozesses hervorzuheben, gebe ich seit vielen Jahren das ELAN-HAND-Modell an meine Klienten weiter. Bevor ich dies erkläre, möchte ich mit einem gängigen Missverständnis aufräumen. In der Vergangenheit sollten Führungskräfte immer die fachlich Kompetentesten im Unternehmen sein. Dies ist ein Trugschluss und in Mittelstandsbetrieben oft als solcher immer noch nicht erkannt. Eine Führungskraft sollte vor allem ein „Networker" sein.

6.2.4 „Networking" als Teil der ICH-KULTUR® eines Individuums

Es lebt sich gut in einer Community Gleichgesinnter. Auch berufliche Beziehungen sind soziale Beziehungen. Die vielfältigen Beispiele misslungener Führung und Eigenführung, wie in Kap. 2 dieses Buches beschrieben, zeigen, dass Angst und Mutlosigkeit in beruflichen Beziehungen häufige Fallstricke sind, wenn sich in einer Organisation Dinge negativ verwickeln. Manager würden das Unternehmen aus Resignation nicht verlassen, Mitarbeiter würden nicht den Mund halten, wenn die Dinge nicht rund liefen und Topmanager müssten schließlich nicht in den Knast, wenn eine bewusste ICH-KULTUR® die gesunde Grundlage ihrer beruflich-sozialen Beziehungen wäre.

Was ist eine berufliche Beziehung? Die Online-Ausgabe des „Business Dictionary" (2018) definiert eine berufliche Beziehung als einen Zusammenschluss zwischen Individuen und Firmen zu einem kommerziellen Zweck. Dieser Zusammenschluss wird zumeist durch legale Verträge oder Übereinkünfte geregelt. Die freundliche Geschäftsbeziehung von Führungskräften in breiten Netzwerken mit anderen beruflichen Kontakten dient dem Austausch und der Beratung. Berufliche Beziehungen sind trotz ihres unabweislichen Zweckes immer auch soziale Beziehungen, denn sie finden zwischen mindestens zwei Menschen statt. In der heutigen Networking-Forschung werden menschliche Beziehungen betrachtet. Soziologisch sieht man „Networking" als Social Capital, sozusagen als einen Anbahnungsgrad beruflicher Kontakte für den Aufbau, die Pflege und den Nutzen von Beziehungen zwischen Individuen. Die Psychologie betrachtet „Networking" als das Verhalten eines Individuums (Wolff und Moser 2006). Die Wissenschaft definiert „Networking" als ein Syndrom für die Nutzung sozialer Beziehungen im beruflichen Kontext. Die Vorgesetzten-Mitarbeiter-Beziehung muss daher aus heutiger Sicht immer auch als soziale Beziehung gesehen werden. Je günstiger diese Beziehung ist und je fruchtbringender sie gestaltet wird, desto wohler fühlen sich Menschen in einem beruflichen Kontext. Ein Mensch, der auf „Networking" ausgerichtet ist, wird die interdisziplinäre Beziehung im Unternehmen daher häufiger suchen als jemand, der sich lieber mit seinen Computerprogrammen beschäftigt. Für Firmenlenker und Personaler ist es daher von besonderer Bedeutung, Menschen für Führungsposten auszusuchen, die sich unter anderem als Teamarbeiter und gleichzeitig als Networker sehen. Doch Vorsicht vor Pauschalisierungen, ein aufgabenorientierter Mensch kann dennoch ein guter Networker sein, so wie ein beziehungsorientierter Mensch ein wenig interessierter Networker sein könnte. In jedem Falle brechen interdisziplinäre Beziehungen das althergebrachte Kästchendenken auf. Wer fach- und abteilungsübergreifend denkt, wird auch so agieren, sich bewusst mit geschätzten Menschen anderer Abteilungen austauschen, von anderen lernen und ganz natürlich von selbst einen Beitrag zum fruchtbringenden Austausch leisten. Unsicherheiten und andere negative Gefühle können durch einen hochwertigen Austausch und eine qualitativ ergiebige Kommunikation verhindert werden. Die Psychologen Bushman und Holt-Lunstad identifizierten vier Qualitäten sozialer Beziehungen unter Freunden: unterstützend, ambivalent (emotional aufwühlend), indifferent (bedeutungslos), aversiv. Obwohl Führungskräfte selten Freunde von Mitarbeitern sind, finde ich, dass durchaus auch ihre Beziehungen zu Mitarbeitern auf diese Weise betrachtet werden könnten, wie im Folgeabschnitt über das ELAN-HAND-Modell deutlich wird.

6.2.5 Das ELAN-HAND-Modell

Manchmal geht kein Weg um die eigene Positionierung, auch, wenn wir ein unangenehmes Gespräch lieber vermeiden möchten. Sicher kennen auch Sie, lieber Leser, Menschen, die Sie als eher schwierig einstufen. Oft können wir nicht genau sagen, warum dies so ist. Unser Bauchgefühl sagt uns, ein konstruktives Gespräch mit dieser Person ist nicht leicht möglich. Haben wir einmal den Mut zu einem Feedback an einen nicht besonders angenehmen Zeitgenossen oder einer angstfreien Unterhaltung mit ihm gefasst, sollten wir uns vorbereiten. Zur Gedankenklärung und Planung schwieriger Gespräche setze ich das ELAN-HAND-Modell ein. Es benötigt keine schriftliche Vorbereitung, nur ihre Hand, siehe Abb. 6.1 (Malzacher 2007). Als einfaches, aber wirkungsvolles praktisches Vorbereitungstool und lässt es sich, selbst kurz vor wichtigen Gesprächen, zeitsparend einsetzen. Gleichzeitig zwingt es den emotional aufgeladenen Sprecher, möglicherweise vernachlässigte elementare Aspekte zu berücksichtigen. Zunächst werden Sachverhalte und Situation (Handfläche) betrachtet, dazu die eigene Einstellung und die eigenen Gefühle gegenüber dem zu besprechenden Thema und dem Gegenüber (kleiner Finger). Hier empfiehlt es sich ebenfalls, die weiter oben genannte Qualität der Beziehung zum Gegenüber zu überprüfen. Sehen wir die Gesamtbeziehung als unterstützend, aufwühlend, bedeutungslos oder aber aversiv? Unser Gefühl zu benennen, ist ein essenzieller Part, bevor wir in einem offiziellen Rahmen, den die eigene Firma darstellt, sprechen. Wer sich selbst gut kennt, muss sich für den Daumen (ICH) nicht viel Zeit nehmen. Hierzu gehören eigene Werte und Stressoren,

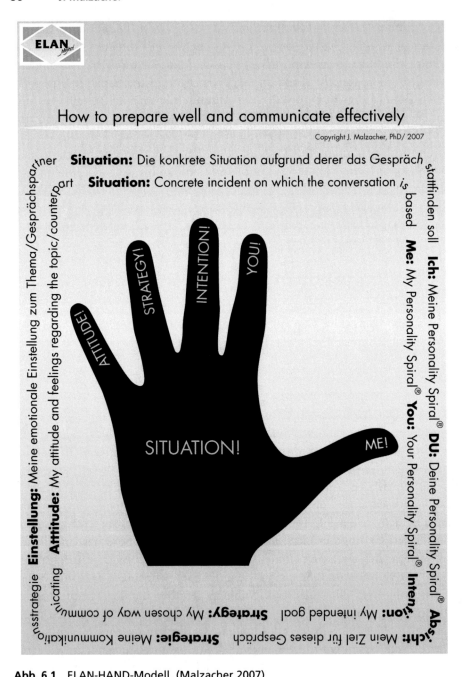

Abb. 6.1   ELAN-HAND-Modell. (Malzacher 2007)

Verhaltensspezialitäten und Unsicherheiten, Temperament und Impuls-reaktionen, Komfortzonen etc., sozusagen die Kenntnis der eigenen ICH-KULTUR®. Ein elementarer Aspekt ist jedoch der Zeigefinger (DU). Wie oft legen wir mit unserer (emotionalen) Rede los, ohne zu wissen, was es bedarf, dass uns der andere überhaupt zuhört, geschweige denn ernst nimmt. Oft, vor allem in der internationalen Zusammenarbeit, wissen wir wenig über die allgemeinen und momentanen Bedürfnisse des Gegenübers. Wenn wir uns mit einer hohen Aufgabenorientierung an unser Vorhaben machen, kann es sein, dass wir den Beziehungsaspekt gänzlich vergessen. Zum Beispiel vergessen wir einen Small Talk, welcher uns eine Vielzahl an Informationen liefern könnte über die momentane Stimmung des Gegen-übers. Wir möchten nicht mit der Tür ins Haus fallen und so eine schon wackelige Beziehung ganz zerschlagen. Oder wir verlieren uns im Storytel-ling, wenn unser Gesprächspartner doch nichts weiter möchte als Fakten. Die pure Kenntnis des Vier-Ohren-Modells nach Schultz von Thun hilft nicht (von Thun 2010), es sollte praktizierend angewandt werden. Unser Gesprächspartner macht möglicherweise den Eindruck, er höre auf dem Sach-Ohr, weil er nicht besonders gesprächig ist, uns nichts über sich offen-bart. Unlocker sitzt er im ersten formalen Mitarbeitergespräch. Leicht las-sen wir uns zuweilen täuschen durch die oberflächliche Anwendung von Modellen. Wir müssen wissen, wie es kommt, dass ein Mensch unlocker und einsilbig ist. Zugrundeliegende Ressentiments können mannigfaltig sein. Übergroßer Respekt, weil aus einer hierarchieorientierten Landes-kultur, Angst oder eine problematische Stimmungslage (Depression), könn-ten Menschen zu ungewöhnlichen Verhaltensweisen bringen. Da hilft nur ein sich in die „Lage" des anderen versetzen, im Sinne der englischen idio-matischen Wendung „Put yourself into the shoes of the other." Wie geht das? Man sendet ICH-Botschaften und stellt Fragen. Ohne Fragen gibt es keine Antworten. Gesichtsverlust ist unbedingt zu vermeiden. Hier ein Bei-spiel für das eben erwähnte Szenario: „Ich merke, dass Sie etwas angestrengt sind, ist das richtig?", oder „Wenn ich Sie reden höre, spüre ich etwas Nervosität von Ihnen. Kann das sein?" Hier sind ICH-Botschaft und Frage kombiniert. Die Holzhammermethode wäre: „Sie sind angestrengt und ner-vös!" Was tut ein Mensch, der so verurteilt wird? Er fühlt sich ertappt und zieht sich möglicherweise zurück oder er greift an. Wenn wir uns grundsätz-lich für Gewaltfreie Kommunikation entschieden haben, haben wir uns für einen eher indirekten Kommunikationsstil entschieden. Ich halte dies für eine Lebenseinstellung. Das Ziel ist, mit dem Gegenüber eine mutuale Ver-bindung entstehen zu lassen. Diese Gegenseitigkeit schafft Stärke für beide Gesprächspartner. Gewaltfreie Kommunikation nach Marshall Rosenberg

(Rosenberg 2002) wenden viele Menschen gar nicht an, sie sprechen einfach los, ohne daran zu denken, wie ihre Ausdrucksweisen beim anderen ankommen. Ein IPC®-Consultant kann mit Systematik beim Finden passender Fragen und Formulierungen unterstützen, weil er die maßgeblichen Aspekte der ICH-KULTUR® eines Gegenübers berücksichtigt. Wenn wir den Zeigefinger im ELAN-HAND-Modell regelmäßig befragen, werden wir mit der Zeit einfühlsamer. Der Mittelfinger stellt einen weiteren unerlässlichen Aspekt im HAND-Modell dar. Er repräsentiert unsere Intension, das Ziel als Resultat unseres Gesprächs. Auch er trägt zur besseren Bewusstheit über uns selbst bei. Was möchten wir eigentlich? Streit oder Friede, Anklage, Lösung, Win-win. Der Mittelfinger ermahnt uns mit der Frage, was wir bewirkt haben möchten, wenn wir aus diesem Gespräch herausgehen. Nun der Ringfinger als letzter und wichtigster. Er repräsentiert den goldenen-, silbernen- oder Messingring, vielleicht auch einen Titanring mit welchem Stein? Welcher Kategorie sollte der Ring, den wir für diese Kommunikation tragen, angehören? Wie wichtig ist uns eine hochwertige, nachhaltige, menschenfreundliche Kommunikation? Sicherlich haben Sie, lieber Leser, sich ebenfalls Gedanken über Ihre Kommunikation gemacht, ansonsten hätten Sie in diesem Buch nicht weitergelesen, richtig? Ich freue mich, dass Sie noch immer bei der Sache sind. Wenden wir uns nun der Kommunikationsstrategie zu.

Das „Kleeblatt der Kommunikation" lernten Sie weiter oben schon kennen. Für mich ist es ein inhärenter Bestandteil des Ringfingers im ELAN-HAND-Modell. Bisher haben Sie alle essenziellen Aspekte für Ihre Kommunikation vor möglichen und unmöglichen Konsequenzen angstfrei betrachtet. Wenn Sie nun noch Ängste plagen, sollten Sie den Mittelfinger noch einmal in Augenschein nehmen. Ihr Ziel könnte nicht passend gewählt sein. Wer den Mund aufmacht, sollte mit klarem Kopf wissen, was er bewirken möchte, frei von Ängsten. Dann nämlich steht er voll und ganz zu sich und seiner Überzeugung. Es ist nun ganz einfach die Frage der respektvollen, ehrlichen Kommunikation hin zum Gesprächspartner, ohne sich von diesem einschüchtern zu lassen.

> **Hierzu gebe ich Ihnen einen 3-Stufen-Leitfaden für jede Intension/ jedes Ziel (Mittelfinger)**
>
> 1. **Welches Gefühl/welchen Zustand möchten Sie hier verbreiten?** Zuversicht, Vertrauen, Misstrauen, Wettbewerb, Angst, Respekt, Neid, Feindschaft, Liebe etc.
> 2. **Welche Worte möchten Sie hier benutzen?** Sportlich, elegant, sachlich, technisch, wissenschaftlich, kreativ, gefühlsbetont etc.

3. Wie gut möchten Sie zuhören? Aktiv Zuhören, höflich unterbrechen, urteilsfrei zuhören, Feedback geben, Anweisungen geben etc.

Vor Kurzem lauschte ich einer Politikerin, die in dem von mir hoch geschätzten Deutschlandfunk interviewt wurde. Trotz des überaus respektvoll fragenden Interviewers, unterbrach sie seine Fragen kontinuierlich mit dem Wort „Stopp". Nach drei Stopps stoppte ich, ihren Ausführungen zu lauschen. Für mich war dies ein Beispiel unprofessioneller Kommunikation. Ihr Standing verlor für mich mit jedem „Stopp". Möglicherweise war sie überfordert von der Komplexität der Interviewfragen, dennoch richtete ihre Kommunikation Schaden für sie und am Ende ihre Partei bei mir an.

Manchmal wählen Menschen eine Kommunikation, die das persönliche Machtgefühl ausdrückt (Phillips und Alyn 2003). Die Interviewte im genannten Beispiel könnte bewusst aus einer wahrgenommenen Machtposition kommunizieren, hier die *Macht durch Position*. Wenn wir die Dame fragen wollten, wie sie ihren kleinen Finger (Gefühl und Haltung) im ELAN-HAND-Modell definierte, würde sie wahrscheinlich sagen: „Ich bin Chefin", „Ich habe das Sagen." Hätte sie aus der Perspektive der *Macht wegen Seniorität* gesprochen, hätte sie hier eventuell so formuliert: „Ich mache den Job schon seit 13 Jahren", oder „ Man hat mich wegen meiner Erfahrung an Bord geholt", aus der Perspektive der *Macht durch Zugehörigkeit* hätte sie möglicherweise so formuliert: „Ich bin in engem Kontakt mit dem Parteivorstand", oder „Ich kenne jemand, der das für uns hinkriegen kann." Ich bin überzeugt, dass wir alle hin und wieder aus der einen oder anderen Machtperspektive heraus und somit manipulativ kommunizieren. Können wir Manipulation verhindern? Nein, wir können nur verhindern, auf sie hereinzufallen. Dazu braucht es einen festen Stand, das Bei-sich-bleiben und die genaue Kenntnis der Intension und des Ziels unserer eigenen Kommunikation (Mittelfinger).

Zum Schluss noch eine kleine Hilfe für die Übung der angstfreien Kommunikation. Aufgrund welchen Machtgefühls sagt ein Gesprächspartner wohl das Folgende? Wählen Sie jeweils ein Element in der Klammer.

„Du hattest Glück, dass ich dir diesen Job verschaffen konnte" *(Macht durch Zugehörigkeit/Der Pate)*.

„Ich war letzte Woche im Fernsehen" *(Macht durch Persönlichkeit/Macht wegen Seniorität)*.

„Wenn ich will, kann ich die Lieferungen jederzeit stoppen" *(Macht der Ressourcen/Wissensmacht)*.

„Ich habe einen Doktor in diesem Fach" *(Wissensmacht/Macht durch Zugehörigkeit).*

„Pass auf, dein Job könnte deshalb gefährdet sein" *(Macht wegen Seniorität/Macht durch Einschüchterung).*

Hindernisse stellen sich uns manchmal mit und durch Macht in den Weg, geben uns das Gefühl der Unzulänglichkeit. Die Gefahr, nun Ängste zu entwickeln, darf man annehmen. Dabei könnten wir uns fragen, welchen Anteil wir an diesem Hindernis haben und wie es kommt, dass wir eine Situation als Hindernis sehen. Hierzu braucht es eine mutig gelassene Geisteshaltung. Wie die Protagonisten Gert Simon und Mine ihre Hindernisse meistern, lesen Sie im folgenden Kapitel.

Literatur

Ahbe T (1997) Ressourcen – Transformation – Identität. In: Keupp H, Höfer R (Hrsg) Identitätsarbeit heute. Suhrkamp, Frankfurt

Böcker H et al (2012) Functional neuroimaging in exercise and sport sciences. Springer, New York

Bushman B, Holt-Lunstad J (2009) Understanding social relationship maintenance among friends. J Soc Clin Psychol 28(6):749–778

Business Dictionary (Hrsg) (2018) http://www.businessdictionary.com/. Zugegriffen: 12. Okt. 2018

Csíkszentmihályi M (2001) Good work: when excellence and ethics meet. Basic Books, New York

Feinstein J et al (2013) Fear and panic in humans with bilateral amygdala damage. Nat Neurosci 6(3):270–272

Hagehülsmann U (2007) Der Mensch im Spannungsfeld seiner Organisation. Transaktionsanalyse in Managementtraining, Coaching, Team- und Personalentwicklung. Junfermann, Paderborn

Kataria M (1999) Laugh for no reason. Madhuri International, Mumbai

McCanne T, Anderson J (1987) Emotional responding following experimental manipulation of facial electromyographic activity. J Pers Soc Psychol 52:759–768

Nummenmaa L et al (2013) Bodily maps of emotions. PNAS published ahead of print December 30. https://doi.org/10.1073/pnas.1321664111. Zugegriffen: 12. Okt. 2018

Phillips B, Alyn K (2003) How to deal with annoying people. Harvest House Publishers, Eugene

Radin D (2004) Electrodermal presentiments of future emotions. J Sci Explor 18(2):253–273

Rosenberg M (2002) Nonviolent communication: a language of compassion. ebrandedbooks.com

Simrock K (2011) Die deutschen Sprichwörter. Fischer eBooks, Reclam
von Thun S (2010) Miteinander reden 1. Rowohlt eBook, Reinbek
Wolff H-G, Moser K (2006) Entwicklung und Validierung einer Networking Skala.
   Diagnostica 52:161–180

7

Gert Simon und Mine meistern Hindernisse

7.1 Mine und der Rotwein

Mine starrt auf die blaue Chinavase auf dem neuen, edlen Esstisch. Frühe Hortensien im Juni. Weiß und rosa. Ihr Blick wandert über die kleinen Blüten und bleibt an einer weißen Dolde hängen. „Sterne, wunderbare kleine Sterne", denkt sie. „Nein, das sind keine Sterne, eher ein Blütenball kleiner, vierblättriger Wesen, die sich in Gemeinschaft aneinanderfügen. Welch grandios harmonische Gesellschaft, diese Dolde!" Mine beugt sich vor, um genauer zu sehen. In jeder Blüte ein blassgelbes Herz, der Stempel. Umrandet vom schützenden Gewölbe kleiner cremefarbener Blütenblätter ist dieser Stempel der Hüter des Erbgutes der Pflanze. Er sichert das Weiterbestehen dieser wunderschönen Doldenpracht. Gut, dass sie die wunderschönen Blüten der „Limelight" aus ihrem vormaligen Garten mitnahm. Jetzt steht dieses botanische Kunstwerk auf ihrem kleinen Balkon neben anderen Begleitern aus der Natur. Ein tiefer, glücklicher Seufzer. Nie zuvor hatte sie die Blüten so intensiv betrachtet. Nie zuvor war so viel Licht in ihrem Leben neben so viel Schatten. Wenn es Licht gibt, gibt es auch Schatten, denkt sie. Nie zuvor hatte sie so viel nachgedacht wie im letzten Jahr.

Sie stellt ihr Rotweinglas auf den Tisch, reckt ihren Oberkörper zurück und lächelt in die Abendluft. Nie zuvor spürte sie diese Art Glücksgefühl in einem Augenblick ohne jegliche Begegnung mit Menschen. Selten zuvor ließ sie eine solche Empfindung zu. Bis zum letzten Jahr gab es in ihrem Leben viel Ablenkung von ihrem Inneren. Viele gesellschaftliche Verpflichtungen und die Aktivitäten ihres Mannes lenkten sie von ihr selbst ab. Viele

© Springer Fachmedien Wiesbaden GmbH, ein Teil von Springer Nature 2019
J. Malzacher, *Mut in der Arbeitswelt durch ICH-KULTUR*,
https://doi.org/10.1007/978-3-658-24809-3_7

Akquisetermine für ihr Business, viele Reisen mit den Clubfreunden ihres Mannes. Ihm wollte sie eine gute Ehefrau sein. Selten, das erkennt sie immer häufiger, war sie wirklich bei sich. Ihr Leben fand in der Öffentlichkeit statt. Die exponierte frühere Stellung ihres Mannes machte beide bekannt. Kaum einmal nahm sie sich damals Ruhe und Zeit für innige Augenblicke mit sich selbst. Nicht einmal beim Friseur oder der Kosmetikerin fühlte sie sich als Privatperson. „Wie bedauerlich", hört sich Mine sagen. Empört starrt sie ins Leere. „Vieles hat sich verändert, hat mich verändert", fügt sie hinzu. Ihre Gedanken wandern. Heute, wo sie in einer anderen Stadt lebt, ihre kleine, übersichtliche Wohnung hat, strömt eine eigentümliche Zufriedenheit aus ihrem tiefen Inneren. Ihr Herz konnte Friede schließen mit Vielem. Über die üblen Launen ihres Mannes muss sie sich heute nicht mehr ärgern. Oft war sie traurig und ratlos gewesen, hatte sich klein und abhängig gefühlt. Vor den Folgen einer Trennung hatte sie sich gefürchtet. Sie war permanent angespannt. Ihre Mutlosigkeit ließ sie viel zu lange warten. Worauf? Irgendwann erkannte sie, dass es sie war, die Schritte unternehmen musste, sonst würde sich nichts zum Besseren wenden. Ihre gereizte Stimmung hatte sich auf ihr Verhalten in der Firma ausgewirkt. Auch dort war sie mutlos, fürchtete sich vor Entscheidungen, die ihre allgemeine Akzeptanz hätten trüben können. Hätte es mehr Durchsetzungskraft gebraucht? Heute glaubt sie, dass ihre Mitarbeiter ihre Sorgen, ihren Unmut spürten. Es war sie gewesen, die schlechte Stimmung verbreitete. Sie zeigte ihren Ärger nicht offen, doch er muss klar erkennbar gewesen sein, als sie die Mitarbeiter ungeduldig beschimpfte. Ungerecht war sie, zuweilen auch uninteressiert an deren Bedürfnissen. Eine schlechte Chefin, das wird sich ändern. Damit steht sie auf, startet die CD *Nightfall* (Brönner und Ilg 2018). Hineinfallen in die Einfachheit der gezielt gesetzten meditativen Töne beider Instrumente. Tief gehen sie. Sie spürt Leidenschaft. Ihre Augen schauen zum Fenster. Dort, im äußersten Westen, macht sich die Junisonne bereit, am Horizont zu verschwinden. Sie zieht den Vorhang zurück, öffnet die Balkontür und blickt hinüber auf den rotvioletten Himmel. Melodien kann sie wieder summen. Das hält sie für einen Fortschritt. Ihre Zehen trommeln auf den Balkonboden bei „Scream and Shout", bei „Air" lehnt sie sich an die Hauswand, schließt die Augen, gibt sich den Tönen hin. Mit ein paar Vibrati verabschiedet sich das Stück. Mine geht hinein. Mit einem Lächeln dreht sie den CD-Player aus, nimmt ihr Rotweinglas und geht zurück auf den Balkon.

Auf dem Dachfirst des Nachbarhauses singt eine Amsel. Wieder schließt sie genüsslich die Augen. Da kommt ihr der Coach in den Sinn. Er lehrte sie, damals in seinem Garten den Vögeln zu lauschen. Lang vergangen ist diese Zeit. Hilfreich, ja, sogar als wundervoll empfand sie die vorsichtigen

Wege, die sie mit ihrem damaligen professionellen Begleiter ging. Mit ihm an ihrer Seite erlernte sie neue Zuversicht.

Mine stellt ihr Rotweinglas auf den Beistelltisch neben den Liegestuhl. Sie lehnt sich zurück an die noch warme Hauswand, lässt ihre Arme neben ihrem Körper fallen. Ihre nackten Füße spüren die Rillen des Holzbodens unter ihr.

„Diese behagliche sommerliche Abendstille ist ein Genuss."

Nun versinkt sie in einen Augenblick liebevoller Gemeinschaft mit sich selbst. Ihrem Gaumen erlaubt sie kleine Schlucke des Rotweins aus Verona, spürt nach, leckt ein paar Tropfen von ihren Lippen.

„Herrlich!"

„Noch hell genug für die Lektüre?" Mine schaut auf den Titel. „Nein, eine intellektuelle Anstrengung hat nun wirklich keinen Platz".

Sie kuschelt sich in den bequemen Liegestuhl, das Glas ihres Cantina di Negrar stellt sie zurück auf den Beistelltisch. Noch einmal schließt sie die Augen. Da kommen Bilder. Der Mann, der sie umgarnt, die Mitarbeiter, die ihr große Sorgen machen, der Mann, den sie verlassen hat, der Freund, den sie auf der Parkbank getroffen hat. Mit ihm fühlt sie sich nun auf eigentümliche Weise verbunden.

Mine rutscht tiefer in ihren Liegestuhl. Ihr innerer Blick verharrt auf dem Mann auf der Bank, Gert Simon. Er hat nicht auf ihre E-Mail geantwortet, nicht auf ihre AB-Nachricht. „Ein unausgegorener Zeitgenosse", denkt sie. Ihre Stirn runzelt sich „Warum unausgegoren? Unausgegoren heißt unreif in unserem Sprachgebrauch. Was ist das eigentlich? Wie können wir uns anmaßen, über andere Leute so zu denken, wenn wir sie gar nicht wirklich kennen?" Aufgewühlt langt Mine hinüber zu ihrem Weinglas. Ein kräftiger Schluck. Sie setzt sich aufrecht auf den Rand des Liegestuhls, noch ein Schluck. „Gert Simon ist ein guter Mensch", postuliert sie vor sich hin. „Er mag sich etwas eigenartig verhalten. Sicher ist, er möchte auch nur glücklich sein, wie jeder". Damit lehnt sie sich zurück und leert das Glas. „Er möchte glücklich sein, so wie ich. Was ist Glück überhaupt?" Neulich las sie etwas über die Bedeutung von Eudaimonia, Glückseligkeit. Damit schwinden ihre Gedanken in einen Taumel, zerrinnend in einer Kombination von rotweingetränkten Gefühlen und Sommernachtempfinden. Noch einmal blinzelt sie in den Junihimmel und döst zufrieden ein.

7.2 Gert Simon entdeckt die Weite

„Komisch", denkt Gert Simon als er die übende Qigong-Gruppe im Park betrachtet, „komisch oder eigenartig?" Vielleicht beides. Lustige Figuren entstehen aus den langsamen Bewegungen; ungewohnt und dennoch orientiert und gezielt. Elegant. Regelmäßig besucht er den Park. Häufig hat er der Gruppe zugesehen, fühlte sich von ihr angezogen. „Ich müsste dem allem näher kommen, sonst kann ich es nicht beurteilen", denkt er. Damit geht er schnurgerade auf die Qigong-Gruppe zu. Respektvoll bleibt er außerhalb der Grünfläche stehen. Lange schaut er zu. Der Leiter entdeckt ihn und bittet ihn dazu. Zögernd stellt sich Gert Simon ganz außen neben einen Teilnehmer und versucht zaghaft, die Bewegungen zu imitieren. „Gar nicht so einfach", denkt er. Mit der Zeit jedoch fühlt er sich involviert, zugehörig, findet den Tritt, den inneren Schwung. Immer besser gelingen ihm die Figuren, immer mehr Spaß machen ihm diese eleganten Bewegungen in der Gemeinschaft. Bis zum Schluss macht er mit. „Danke", sagt er freundlich mit einer kleinen, respektvollen Verbeugung. Immer wenn er lächelt, verbiegen sich seine Augen in kleine Schlitze. Die Menschen lächeln zurück. „Komm wieder", sagt der Leiter. Mit einem sanften Gefühl neuer Geborgenheit geht Gert Simon vom Rasen. Der feine Schotter des Parkwegs knirscht unter seinen Füßen. In der Ferne erwartet ihn seine Bank. Die Bank, auf der er vor langer Zeit Mine kennen lernte. Mine, die elegante, kleine Frau mit dem Buch über Stress. Immer höflich ist sie bis heute, immer zugeneigt, beinahe mütterlich. „Wie es ihr wohl geht?" In Gedanken setzt sich Gert auf die Bank. Nur eine kleine Weile möchte er hier bleiben.

Ein Bild aus der Vergangenheit kommt hoch. Er stöhnt. Damals war er verzweifelt, hatte keine Lust mehr am Leben, ließ sich gehen. Die Parkbank unter dem Ahornblätterdach mitten im Park war für ihn Zufluchtsort geworden. Mine und er hatten Kontakt gehalten, sie hatte ihn innerlich aufgerichtet, ohne es zu wissen. Ihre Anwesenheit in seinem Leben machte ihm damals Hoffnung. Gerade als er seine Mutter verloren hatte, half ihm Mine mit ihren Anrufen, mit ihrem ehrlichen Interesse um ihn, mit ihrer natürlichen Zugeneigtheit. Irgendwann in dieser Zeit trennte sie sich von ihrem Mann. Das muss schwierig gewesen sein. Auch ihr Umzug später. Er, Gert Simon, fragte damals nicht einmal, ob er ihr beistehen dürfe oder beim Umzug helfen. Umsichtig, wie er nun von seinem Coach gelernt hatte, war er damals bestimmt nicht. Zu stark war er mit seinem eigenen Leben befasst. Mine hingegen machte den Eindruck, ihr gelänge alles mühelos, sie brauche keine Hilfe. „Wie kommt es, dass sie dann ein Buch über Stress las?" Gert Simon runzelt die Stirn. „Ja, sie muss viel Stress gehabt haben, damals als sie sich trafen. Klar, man trennt sich doch nicht so einfach von seinem Ehepartner. Er hatte sie nicht gefragt, was mit ihr war, er dachte nur an sein Leid, sein schreckliches Leben. In Selbstmitleid versunken hatte er nur Rachegedanken gegen seinen Chef und Chef-Chef. Ungerechterweise, das trägt er ihnen nach, hatten ihm beide im jährlichen Mitarbeitergespräch einfach so gekündigt. Heute weiß er, dass ihm damals, bei der Arbeit als Teamleiter, die Umsicht und Weitsicht fehlte. Ja, er hatte Fehler gemacht, war sogar froh, dass der Chef nicht nachhielt und zumeist weg war. Er, Gert Simon, wollte nicht auffallen und am besten in Ruhe gelassen werden. Zu dieser Einsicht hatte ihm sein Begleiter verholfen, sein Coach, den er heute noch hin und wieder zu einer Sitzung trifft. „Glück hatte ich. Glück in meinem damaligen Unglück", sagt er stimmlos zu sich. Plötzlich gab es da Menschen, denen er offensichtlich nicht egal war, die sich einsetzten für ihn. Dazu gehörte Mine. Sie hatte keine berufliche Mission, sie war einfach da. Gert Simon atmet tief aus und lehnt sich zurück, schaut hinauf auf das kräftige Grün des mächtigen Ahornbaumes und schließt die Augen. Eine Weile verharrt er. Mine wird er bald anrufen. Entschlossen steht er auf. Mit sanftem Blick schaut er zurück auf die Bank geht er weiter. Zu Hause empfängt ihn die Katze Lena mit ihrem hellblauen Halsband. Sie schleicht um seine Beine, miaut und zeigt, dass sie ihn vermisst hat. Auch das Futterschälchen ist leer. Gert Simon nimmt sie in den Arm und kuschelt eine Weile mit ihr. Er weiß, sie zieht Kuscheln dem Futter vor. Auf der Couch mögen beide das Ritual des Nachhausekommens. Erst das Gefühl erfüllt, dann das

Essen. Das hat ihm sein Coach erzählt. Erst das seelische Gefühl, dann das Körperliche. Essen und Sex. „Sex", denkt Gert Simon „gibt es schon lange nicht mehr in meinem Leben. Vielleicht nie mehr? Da wird er sich für den Rest seines Lebens sich selbst genügen?" „Na ja, so ist es", denkt er, dann schaltet er das Radio ein, zieht sich aus und schlüpft in seinen Pyjama. Er holt sich ein Bier und lümmelt auf die Couch. Katze Lena mag das gar nicht. Sie möchte hinaus, ins Freie. Gert Simon öffnet das Fenster. Da springt sie mit einem Satz in den Garten und mit einem weiteren auf ihre Astgabel. Er schaut ihr nach, sieht ihr Halsband und denkt an das Hellblau in seinem Leben. Sein Blick wandert in die Ferne. Immer noch gibt es zu wenig Hellblau in seinem Leben. Da kommt ihm seine Partnerin in den Sinn, die ihn so mir nichts, dir nichts verlassen hatte ohne klärende Begründung. Die Ghosting-Frau! Beide, Mine und seine ehemalige Partnerin, haben einen bleibenden Eindruck in seinem Leben hinterlassen. Die Partnerin, die sich einfach nicht mehr mit ihm verstand und Mine, die immer zur Stelle war, egal wie es ihm ging. „Wie kann man daraus schlau werden", denkt er, während er die Katze Lena auf ihrer Astgabel beobachtet. „Bei ihr weiß ich immer woran er ist. Sie ist treu und doch unabhängig, aber sie ist ja auch eine Katze". Seine Augen gehen in die Ferne, weit hinaus bis zum Horizont. „Ich kann weder die eine noch die andere verstehen", sagte er innerlich zu sich. „Möchtest du gestreichelt werden?", fragte er Katze Lena als sie auf die Fensterbank springt und ihn mit zärtlichem Schnurren umgarnt. Gert Simon nimmt sie in den Arm und trägt sie zum Sofa. Während er seine Katze liebkost, verlieren sich seine fragenden Gedanken. Er fühlt sich wohl. Bilder tauchen auf. Ein fremdes Land, fremde Menschen in bunten Gewändern, zauberhafte bunte Tempel mit filigranen Mustern, Reisfelder, weite Sandstrände, der Golf von Bengalen. Sein Teamkollege, Kamal, hatte ihm mal Fotos gezeigt, nachdem er von seiner Hochzeit in Chennai zurückgekommen war. Eine traditionelle indische Hochzeit mit vielen Tagen des Feierns. Kamal war damals überglücklich. Kurz darauf war ihm gekündigt worden, wegen seines anderen, nicht akzeptablen Arbeitsstils und der Fehlzeiten. Das konnte Gert Simon damals nicht nachvollziehen, doch er hatte nichts dazu gesagt, obwohl er der Teamleiter des gänzlich überraschten Kamal war. Am Ende erging es ihm selbst so. Auch ihm wurde überraschend gekündigt. Seinem wenig präsenten Chef fiel es anscheinend leicht, Kündigungen auszusprechen und Gründe dafür zu finden. Warum hatte er nichts gesagt. Wie kommt es, dass er sich nicht wehrte, weder für Kamal noch für sich selbst? Gert Simon findet, dass er sich damals in einer Art Tagschlaf befunden haben muss. Heute sieht er die Dinge anders. Er glaubte an die unkritisierbare Autorität seines Chefs, empfand sich nicht als Autorität trotz seines Leitungspostens. Er traute sich einfach nicht, ehrlich seine Meinung zu sagen. „Ich wusste auch nicht wie", sagt er laut vor sich hin.

Sein Kopf neigt sich. Würde ich heute in einem solchen Fall meine Meinung sagen? Mehr Übung im Kommunizieren habe ich jetzt. Schon alleine, weil ich immer wieder die Fragen meines Coach beantworten muss. Auch die Fragen des Beraters bei der Agentur für Arbeit. Gert Simon schaut auf Katze Lena, die nun, zusammengerollt, neben ihm eingeschlafen ist. „Ach, was soll's, heute ist alles anders, aber besonders mutig bin ich immer noch nicht". Vorsichtig steht er auf und geht zur Küche. Er gießt sich ein Bier ein und denkt an Indien. „Ich könnte Kamal besuchen in Indien", sagt er vor sich hin. Dann schüttelt er den Kopf. „Schmarrn, wie soll das gehen?"

Tipp
Was würde Gert Simon tun, wenn er mehr Mut hätte?

7.3   Wenn Gert Simon mehr Mut hätte, ...

hätte Gert Simon keine Angst. Mut geht nur ohne lähmende Angst. Den inneren Schweinehund überwinden fällt leicht, wenn wir uns zum Beispiel trotz „Vorsicht" etwas trauen. Wir setzen uns auf ein hohes Pferd und lassen uns von ihm tragen, obwohl wir es nicht kennen. Wir fahren Achterbahn, zum ersten Mal Wasserski, obwohl wir übergroßen Respekt vor Geschwindigkeit haben. Mit dem Mountainbike rasen wir über fünf Kilometer gewundene Bergpfade entlang ins Tal hinab. Immer, wenn wir uns solche Aktivitäten trauen, vertrauen wir darauf, dass alles gut gehen werde. Man nennt diese Haltung auch Risikobereitschaft. Wir wissen nicht, wie unser Vorhaben ausgehen wird, doch wir vertrauen ganz selbstverständlich darauf, dass der Kick in uns größer sein wird, als die Möglichkeit des Scheiterns. Bammelgefühle oder Vorsicht schöpfen aus Vertrauen in die Umgebung und uns selbst. Angst vor den Konsequenzen bei Interaktionen mit Menschen scheint mit einem starken Gefühl fehlender Selbstwirksamkeit und Selbstvertrauen zu tun zu haben. Wir vertrauen uns selbst nicht genug, dass wir der Macht des Gegenübers widerstehen können und gleichwertiger Partner sind. Gert Simon, der sich unkritisch und fest an seine sozialisierten Werte hielt, erkennt, dass diese nicht grundsätzlich passten. Nicht auffallen, stetig und beständig immer dasselbe tun und immer derselbe sein wurde ihm zum Verhängnis. Er übersah Veränderungen in seiner betrieblichen Umgebung, akzeptierte selbst zu wenig Verantwortung für sein Tun und das seiner Mitarbeiter. In Bequemlichkeit hatte er sich eine blindgläubige Komfortzone geschaffen, agierte naiv ohne Umsicht. Weitsicht fehlte ihm gänzlich.

Jetzt hat er die Gelegenheit, Mut für die Entfaltung seiner versteckten Potenziale zu entwickeln. Unser Gehirn kann das. Wir können unser festgelegtes Gehirn umprogrammieren. Der Nobelpreisträger Eric Kandel bewies 1963 mit seinem Schneckenexperiment, dass unser Gehirn formbar ist. Damit dürfen wir uns über das Glück freuen, Erinnerungen zu behalten und sie auch zu vergessen. Negative Erfahrungen können somit durch positive Erfahrungen überschrieben werden. Der Neurotransmitter Serotonin ist dafür verantwortlich, dass in unserem Gehirn das Protein CPEB für die Entstehung von Verbindungen zwischen Nervenzellen sorgt (Kandel 2006). Für Menschen, die problematische Erfahrung machten, halte ich dies für eine wunderbare Nachricht. Sie wissen, dass sie an sich arbeiten können, statt sich von einschränkenden Erinnerungen hemmen zu lassen.

Für Gert Simon braucht es einen Perspektivenwechsel, damit sein Gehirn neue, positive Erfahrungen machen kann. Dieser Standortwechsel ist sowohl für seine Selbstwahrnehmung als auch für seine Wahrnehmung der Umwelt anzuraten. Seine Selbstwahrnehmung kann er auf praktische Weise herausfordern, indem er all die Dinge listet, die ihm Spaß machen. Dies könnte eine Weile dauern, da Menschen für ein wirksames In-sich-gehen Zeit brauchen. Gert Simon könnte sich somit ein Stück weit selbst kennenlernen. Danach könnte er sich überlegen, was er gerne Neues lernen möchte. Als weiterer Schritt könnte er bestimmen, welches der Lernerlebnisse er in die Praxis umsetzen möchte. Da Menschen manchmal träge sind oder sich, nach meiner Erfahrung, nicht einmal zutrauen, eine solche Aufgabe allein zu tun, gibt es Coaches in neutraler Position. Wir halten unsere Klienten am Ball; an ihrem Ball, indem wir sie an ihre Hausaufgaben erinnern oder ihnen während gemeinsamer Gespräche auf ihre eigenen Ideenpfade helfen. Wenn Gert Simon auf sein Bauchgefühl und die Vorstellung eines Indienbesuches hörte, würde er sich über Kamals Region informieren, seine finanziellen Mittel überprüfen und dann entscheiden, ob es im Moment eine gute Idee wäre, Kamal zu besuchen. Doch kaum ist sein Tagtraum zu Ende, verwirft er die Idee als Schmarrn. Leicht verwerfen Menschen interessante Gedanken, weil sie sich vor einer eventuell energieaufwändigen Umsetzung fürchten.

7.4 Freunde

„Indien! Gert was ist in dich gefahren? Indien ist doch nichts für dich", ruft sein Freund mit dem Blick auf das Schachbrett. Gert stellt eben einen Six-pack Bier neben die Couch und legt eine große Packung Kartoffelchips mit Salz auf den Tisch.

„Na also wirklich, Gert, Indien ist unsicher, dreckig und die Menschen sind nicht verlässlich! Wie kommst du nur auf diese Idee?", sagt der andere und stellt die schwarzen Figuren auf die weißen Felder.

„Chennai gilt als die sicherste Stadt Indiens. Mein Kollege Kamal ist nicht so wie du sagst. Ich würde ihn gerne wiedersehen. Auch habe ich ein sehr schlechtes Gewissen. Damals bei seiner Entlassung setzte ich mich nicht für ihn ein. Mich interessiert, wie er jetzt lebt und dort arbeitet."

„Schreib ihm doch einfach, das reicht", sagt der eine. „Ja, genau. Das reicht", sagt der andere. Dann beginnen sie mit der Partie.

„Ihr seid unkonzentriert", Gert Simon steht nach zehn Minuten auf. „Ihr habt schon gravierende Fehler gemacht. Zum Beispiel hast du 3 Bauern einfach so verschleudert."

„Schon gut, mir geht deine fixe Idee mit Indien durch den Kopf", sagt der eine. „Du kannst dir eine Doku ansehen, dann siehst du mehr als du selbst besuchen kannst."

„Kamal hat dich sicher schon vergessen. Das alles ist doch schon über ein Jahr her", sagt der andere.

Gert Simon öffnet das Fenster. Da springt Katze Lena herein auf die Fensterbank und weiter auf die Couch. Sein Freund beginnt, sie zu streicheln.

„Und, was machst du mit Lena, wenn du reist? Wer soll sie versorgen? Ich habe keine Zeit dafür."

„Ich auch nicht", sagt der andere.

Gert Simon sagt nichts und trinkt stattdessen einen kräftigen Schluck aus der Flasche. Innerlich ärgert ihn das Geschwätz seiner Freunde. Diese widmen sich nun ganz ihrer Schachpartie. Seine Gedanken kreisen um Kamal. Vor einem halben Jahr hatte sich dieser mal gemeldet und geschrieben, dass er für ein paar Tage nach Deutschland komme. Er, Gert Simon, antwortete damals nicht einmal auf die E-Mail. Warum war er nur so nachlässig? Na ja, vor einem Jahr war Kamal frisch verheiratet und er, Gert Simon, hatte gerade seinen Job verloren. Zu der Zeit hatte er sich in Selbstmitleid gebadet, war wütend und befasste sich mit Rachegedanken gegen seinen Chef. Dann starb auch noch seine Mutter. Katze Lena war das einzig Positive damals. Seine leere Bierflasche landet auf dem Tisch, er öffnet eine neue und setzt zum nächsten Schluck an, dann hält er inne. Energisch stellt die Flasche zurück.

„Euch würde ich Katze Lena gar nicht geben!"

Mit einem Ruck steht er auf, geht zur Küche und beginnt, das Katzenfutter in ein Schälchen zu häufen. Die Freunde reagieren nicht.

„Mine war da und half mir durch ihre Anwesenheit", murmelt er vor sich hin und weiter „Mine – ist – da. Mine ist eine Freundin geworden, auch, wenn wir uns nicht oft sehen". Da fällt ihm ein, dass er Mine nie auf ihre Nachrichten geantwortet hat. Er hält inne. Wo ist er nur mit seinen Gedanken? Ist er ein Stoffel? Seine Gedanken wandern weiter. „Mine ist anders. Sie überlegt, bevor sie redet. Sie ist distanziert, aber gütig. Sie ist lieb". Er hat großen Respekt für Mine. Sie strahlt Souveränität aus. Demnächst wird er sie anrufen.

Dann stellt er das Schälchen auf den Boden neben die wartende Katze. Er schaut hinüber zu den Freunden, setzt sich an seinen PC und sucht Kamals E-Mail-Adresse.

„Gert, was ist los? Deine Aufgabe wartet! Was machst du nun am PC?", ruft sein Freund und nimmt einen schwarzen Springer vom Feld.

„Ja, komm herüber, wir brauchen dich!", ruft der andere. „Ich verliere die Partie. Dein Wissen wird verlangt."

„Ihr macht zu viele Fehler, habe keine Lust mehr". Genervt speichert Gert Simon Kamals Adresse. „Und überhaupt, wir spielen immer nur Schach, reden nichts Gescheites und vergeuden unsere Zeit drinnen. Draußen ist Sommer". Seine Stimme ist lauter und kräftiger.

„Möchtest du in den Biergarten?", fragt der eine, steht auf und geht zur Tür. „Ja, Biergarten!" sagt der andere, lässt alles stehen und liegen und geht auch zur Tür.

„Geht alleine in den Biergarten. Ich muss noch Kamal schreiben. Vielleicht komme ich nach."

Die Freunde schauen sich an. „Okay". Die Tür fällt ins Schloss.

Gert Simon seufzt vor Erleichterung. Endlich sind sie weg. Während der PC hochfährt, klimpert er ein paar Takte auf seinem Xylofon. Schon schleicht Katze Lena miauend um seine Beine. „Ja, das gefällt dir, was?" Er streichelt sie kurz und setzt sich an den PC:

„Good evening Kamal,

I know it's been long. How are you? Hope your wife and you are doing fine in India. My life has changed. No job anymore.

Please let me know whether you have received this email.

Gert"

Als er den Sendebutton drückt, klingelt das Telefon.

Mines Kulleraugen runden sich vor Erstaunen.

„Indien?", ruft sie ins Telefon. „Gert, was ist passiert? Das ist ja eine Über-raschung!" Sie setzt sich auf den Bürostuhl und stellt die Ellenbogen auf den Schreibtisch.

„Erzähl mir mehr darüber!"

Das Telefonat zwischen Gert Simon und Mine dauert nicht lange.

„Ich könnte deine Katze Lena gerne versorgen", sagt Mine am Ende. „Bis Mittwoch gegen 18 Uhr im Park."

Als sie auflegt, lächelt sie fröhlich. „Endlich bewegt sich Gert Simon, wie schön!"

7.5   Arbeit

„So geht das nicht!" Mine ballt die Hände auf dem Tisch, schaut zur Decke und stöhnt. „Ihr macht noch immer zu viele Fehler". Die betroffenen Gesichter ihrer Mitarbeiter sieht sie nicht.

„Diese Teammeetings und Schulungen scheinen euch nicht weiterzu-bringen, das ist Geldverschwendung, ich werde sie stoppen! – Was ist nur los mit Euch, könnt Ihr nicht die einfachste Sache richtig machen. Wenn das so weitergeht, verlieren wir nicht nur den Kunden, Ihr werdet Euren Job ver-lieren!"

Damit steht sie auf, geht um den Schreibtisch herum und öffnet die Bürotür, bedeutet den Mitarbeitern zu gehen. „Schaut zu, dass Ihr den Feh-ler bis heute Abend behoben habt". Schweigend verlassen die Mitarbeiter den Raum. Die Tür knallt hinter ihnen ins Schloss.

Mine ist sauer. Sie geht zum Schreibtisch, da klingelt ihr Telefon. „Auch das noch", sagt sie unwirsch vor sich hin und ins Telefon ein unfreundliches „Was gibt es?"

„Ich möchte ein Gespräch mit dir."

Mine rollt ihre Augen. „Das geht jetzt gar nicht, ich habe keine Zeit und keine Lust, lass mich in Ruhe."

„Wir sollten reden."

„Mit deinem Problem kann ich mich jetzt nicht beschäftigen!"

„Ich brauche Erklärungen."

„Ja und?"

„Wir haben seit deinem Auszug nicht gesprochen". Der Ton ihres Mannes wird härter.

„Jetzt nicht." Damit legt sie auf.

Mine lässt sich auf ihren Schreibtischstuhl fallen und starrt vor sich hin.

„Mist ist das alles, Mist! Ein Ärgernis nach dem anderen."

Sie steht auf und geht ins Freie. Dort lehnt sie an die Hauswand, atmet die frische Luft ein und schaut in den tiefblauen Himmel. Auf vier zählen beim Einatmen und auf sechs beim Ausatmen erinnert sie sich. Das wird sie tun. Dreimal, hatte ihr Coach gesagt, sonst wirke es nicht. Sie stellt sich fest auf den Boden mit durchlässigen Knien, schließt die Augen und atmet. Fünfmal statt dreimal, damit es hält.

Gert Simon hat wieder einen Jobvorschlag. Er traut den Angeboten der Agentur nicht. Doch diesmal scheint es vielversprechend. Der Vorstellungstermin für die Stelle als IT-Consultant und Network Administrator ist nächste Woche. Als Teamleiter musste er früher auch beraten, jedoch war sein Job eher die Bearbeitung und Lösung von Tickets. Seit beinahe 12 Monaten ist er ohne Arbeit. Es wird Zeit. Er findet, dass er nichts getan hat in den vergangenen Monaten. Ja, er war in der Reha wegen der Depression nach seiner Entlassung, dann die Haushaltsauflösung und der Verkauf der Wohnung seiner verstorbenen Mutter, die vielen Bewerbungen, die Gänge zum Arbeitsamt. Das waren Dinge, die ihm zuweilen sehr nahe gingen und schmerzten. Das war Arbeit, aber keine richtige? Andere interessierte seine Traurigkeit nicht. Seine Freunde schon gar nicht. Hatte er eigentlich darüber geredet? Wem hatte er jemals erzählt, wie es ihm ging? Er redet selten über Persönliches. Ja doch, mit seinem Coach. Dem hatte er hin und wieder über seine Stimmung berichtet. In der Reha wollte der Therapeut jedes Mal hören, wie es ihm ging. Jedes Mal sagte er „gut". Der Therapeut würde nicht weiter fragen. Sich vor anderen emotional zu entblößen, war nicht sein Ding.

Tipp

Wie könnte Gert Simon sich besser durchsetzen?

7.5.1 Wie könnte Gert Simon sich besser durchsetzen?

Durchsetzungskraft kommt zunächst durch eine innere sich selbst ver-
trauende Haltung. Vertrauen in das eigene Sein, die eigene Reflexion
mit Einsicht – Umsicht – Weitsicht und die eigene, reflektierte Meinung.
Durchsetzungskraft enthält Überzeugung. Wer von einer belegbaren Tat-
sache überzeugt ist, kann sich durchsetzen, vorausgesetzt er möchte es.
Durchsetzungskraft geht nicht ohne Austausch, wobei sich der Durch-
setzungsstarke ernst genommen fühlt und ernst genommen wird. Durch-
setzung braucht kein Löwengebrüll, eher besonnenes Verhalten, bei dem
echte Begeisterung für die Idee mitschwingt. Gert Simon fehlt im Moment
sowohl Überzeugung als auch Durchsetzungsstärke. Seine innere Balance hat
er noch nicht wiedergefunden. Er hat noch keine klare Sicht auf sein Leben,
geschweige denn auf sein zukünftiges. Seine Idee mit Indien könnte eine
unbewusste Vermeidungsstrategie sein. Weglaufen, statt den unbequemen
Dingen ins Auge sehen und einen Umgang damit finden. Wirklich? Immerhin fasst er Mut und schreibt seinem indischen Ex-Kollegen. Indien gilt
nicht als bequemes Reiseziel. Hat er, als Arbeitssuchender, überhaupt die
finanziellen Mittel für eine solche Reise? Dennoch könnte ihm eine solche
Reise in seiner jetzigen Situation gut tun; Manches könnte sich mit einem
Helikopterblick aus der Distanz klären. Für Durchsetzungskraft braucht es
neben Risikofreude harte Fakten. Mit harten Fakten kann man Menschen
leichter überzeugen als mit „Geschwätz" über Ungereimtes.
   Für mehr Durchsetzungskraft sollte Gert Simon sollte die folgende Regel
übernehmen:

1. *Expertenwissen.* Drei Fakten sammeln, die eine Behauptung/Idee belegen.
2. *Augenhöhe.* Auf Augenhöhe kommunizieren, statt sich kleiner denken als
   der Gesprächspartner. Dabei die formale Hierarchie beachten. Das eigene
   Machtgefühl überdenken, wie in Kap. 6 beschrieben. Als Hilfe gegen
   das Sich-kleiner-Denken könnte er sich fragen, was ihn am hierarchisch
   Höheren positiv berührt oder welche Verhaltensweisen des Gegenübers
   ihn verunsichern. Zum Beispiel: Der andere besitzt eine außergewöhnliche Gestik oder der andere strahlt Fröhlichkeit aus oder der andere besitzt
   einen undurchsichtigen Gesichtsausdruck.

3. *Das ELAN-HAND-Modell anwenden.* Kommunikationsziele glockenklar definieren und kommunizieren. Dabei gilt, den Wahrnehmungskanal des Gesprächspartners kennen (Was überwiegt? Beziehungsinteresse, Analyse, Harmonie, Wettbewerbsstreben etc.) Am besten wir kennen das Gegenüber so gut, dass wir uns Teile seiner ICH-KULTUR® zunutze machen können.

Wer keine Augenhöhe in Bezug auf das Interesse an dem eigenen Anliegen im Gegenüber spürt, sollte erst einmal dessen Interesse wecken. Hierzu braucht es eine erneute Runde der oben genannten Regel, nämlich eine Neudefinition des Ziels.

7.5.2 Wie kann Mine als Führungskraft erfolgreicher werden?

Eine erfolgreiche Führungskraft braucht zuallererst den Willen zur echten Führung, statt ausschließlich die Rolle eines Vorgesetzten einzunehmen. Ein Mensch, der sich rein als Vorgesetzter sieht, baut typischerweise, gleich einem amerikanischen Supervisor, auf den Hierarchiegedanke und die korrekte Ausführung von technischen Aufgaben durch seine Mitarbeiter während er alleine die Entscheidungen trifft. Wer sich als Führungskraft sieht, baut auf das gemeinschaftliche Ringen und Erreichen von Zielen sowie Verbesserungsvorschläge aus dem Team. Scheinbar ist sich Mine dieses Unterschieds nicht bewusst. Sie funktioniert ohne Konzept. Rasch wachsende Einzelunternehmen, Start-ups, Handwerksbetriebe und andere Mittelständler sind auch heute noch in Gefahr, in ihren Mitarbeitern das Fußvolk und in sich selbst den männlichen oder weiblichen Feldherrn zu sehen. In dieser Rolle stehen Führungsfinesse, Motivation, KVP (kontinuierliche Verbesserungsprozesse) oder gesundheitsorientiertes Führen inklusive Kommunikation eher im Hintergrund.

Mine ist das Beispiel einer Firmeninhaberin, die ihre Firma mehr aus Pflicht denn aus Begeisterung führt. Als auf ihren kranken Onkel Folgende strebte sie zunächst an, die Firma am Laufen zu halten. Ohne kluge und wohlmeinende Unternehmensberater endet man in einer solchen Situation leicht in einer Spirale, die den Blick auf das große Ganze versperrt. Sobald man erkennt, dass Mitarbeiter an Motivation verlieren, ist es eventuell schon zu spät, denn dann haben Fachkräfte vielleicht schon innerlich gekündigt. Im schlimmsten Falle haben sie sich wegbeworben.

Um eine bessere Führungskraft zu werden, wird es für Mine nicht genug sein, Teammeetings zu veranstalten, bei denen „alle über einen Kamm geschert werden". Stattdessen braucht es Vieraugengespräche und die Klarheit über die

Bedürfnisse der Mitarbeiter. Die Führungskraft überdenkt die Ergebnisse der Gespräche und überlegt sich eine Strategie für den unmittelbaren Umgang mit den Bedürfnissen der Mitarbeiter, aber auch mit ihren eigenen. Vielleicht hat sie auch eine Person ihres Vertrauens an ihrer Seite, die ihr Organisatorisches in der Umsetzung abnehmen kann. Normalerweise ist dies die Aufgabe der Personalabteilung oder Personalentwicklung. In jedem Falle muss Mine, als der Führungsperson, klar sein, dass sie jederzeit im Fokus steht und Mitarbeiter von ihr selbst hören möchten „wie der Hase läuft". Hätte Mine nicht auch noch gravierende persönliche Probleme und wären ihr ihre Mitarbeiter wirklich wichtig, könnte sie eine Weiterbildung im situativen Führen (Blanchard 1999) anstreben und lernen, wie Mitarbeiter ihres Entwicklungsstandes entsprechend geführt werden können. „Situational Leadership" nach Hersey und Blanchard eignet sich nach meiner Erfahrung hervorragend vor allem für das produzierende Gewerbe und für Team- und Projektleiter oder Abteilungsleiter, die im kontinuierlichen engen Kontakt mit den Teammitgliedern stehen. Ihre Führungskommunikation könnte Mine ebenfalls ausbauen. Hier eignet sich wiederum das „Kleeblatt der Kommunikation", wie in Abschn. 5.1.1 dargestellt. Durch die Brille des jeweiligen Unternehmens analysiere ich mit Klienten Möglichkeiten, wonach es in Schritten eingeführt wird. Damit hätte Mine die minimalsten Eckpunkte für eine Team- und Führungskommunikation bestimmt. Sie müsste diese ernst nehmen und nachhaltig anwenden, damit die Mitarbeiter weiter Vertrauen haben. Zudem müsste sich Mine für eine emotionale Stabilität bemühen und umfassend auf ihre persönliche Gesundheit achten. Nur so kann sie verlässlich zu einer guten Führungskraft reifen, für die die meisten Mitarbeiter gerne arbeiten und sich begeistert mit dem Unternehmen identifizieren. Wenn dies der Fall ist, setzen sich Mitarbeiter normalerweise aus eigenem Antrieb für die fehlerlose Ausführung ihrer Aufgaben ein.

7.6 Beratung

Mine ärgert sich. Ihr Mann liegt ihr in den Ohren und möchte reden; jetzt plötzlich, nachdem sie Nägel mit Köpfen gemacht hat. Jahrelang tat sie alles für ihn und seine wichtigen Freunde. Oft fühlte sie sich wertlos in seiner Gegenwart. Irgendwann begannen sie, einander aus dem Weg zu gehen. Mine hält einen inneren Dialog. „Ja, er ist gestresst. An sein Rentnerdasein hat er sich noch nicht gewöhnt. Ihm fehlt die Anerkennung für seine Leistungen. Jetzt hat er nur noch den Club und den Garten. Beneidet er mich?"

Mine schnaubt vor sich hin „Und was bringt mir diese Einsicht? Ach was, jetzt nur nicht über ihn nachdenken!" Ihr Ziel ist das Flussufer. Mit ihrem Sitzkissen unter dem Arm, in der Hand die Frischhaltebox mit dem Hirtensalat als Lunch wandert sie zu ihrem angestammten Platz. Schuhe aus, Füße in das Wasser. Welches Glück, dass es wieder Sommer ist und sie dieses Ritual hin und wieder genießen kann.

Zur selben Zeit telefoniert Gert Simon mit seinem Coach.

„Ich weiß nicht, ob ich im Vorstellungsgespräch punkten kann. So lange habe ich nicht mehr mit solchen Leuten gesprochen."

„Wie würde ‚punkten' für Sie aussehen?"

„Das weiß ich nicht, sagen Sie es mir!" Gert Simon atmet genervt aus.

„Herr Simon, die Grundvoraussetzung hier ist echtes Interesse an der Stelle und der Firma. Ihre Motivation müsste spürbar sein und schließlich würden Sie Neugier zeigen durch gezielte Fragen. Ein Consultant vertritt immer durch seine Person die Firma nach außen."

„Hm."

„Ich schlage vor, Sie beschäftigen sich eingehend mit den Produkten der Firma, suchen deren Leitbild und informieren sich über deren Standorte. Dann machen wir einen Termin und bereiten das Vorstellungsgespräch vor. Würde Ihnen das passen?"

„Ja, ich denke schon."

Als Gert Simon den Hörer auflegt, steht ein Termin mit seinem Coach fest. Erleichtert atmet er durch.

Mine schaut auf den Teppich mit den feinen Mustern.

„Ich möchte Sie fragen, wie schätzen Sie ihren Verantwortungsgrad Ihrem Mann gegenüber ein im Vergleich zu dem gegenüber sich selbst?"

Mine denkt nicht lange nach, hebt den Kopf und sagt fragend: „50:50?"

„Das erstaunt mich."

Mines Kulleraugen weiten sich. „Warum?"

„Und wie schätzen Sie Ihre Verantwortung den Mitarbeitern in Ihrer Firma gegenüber ein?"

„Hundert Prozent, würde ich sagen."

„Hm, das verstehe ich nicht ganz. Können Sie mir das erklären?"

„Nun, als Firmeninhaberin habe ich 100 % Verantwortung, nicht?"

„Für alles, auch für Ihre Mitarbeiter?"

„Ja."

„Können Ihre Mitarbeiter nicht selbstständig denken?"

„Meine Mitarbeiter machen viele Fehler, ich muss sie immer wieder neu anhalten, Fehler zu vermeiden."

„Wie halten Sie Mitarbeiter an, Fehler zu vermeiden?"

„Ich sage Ihnen, dass sie die Fehler vermeiden sollen."

„Wie können die Mitarbeiter Fehler vermeiden, wenn sie nicht wissen, wie sie das anrichten sollen? Wenn sie es wüssten, hätten die Mitarbeiter die Fehler gar nicht gemacht? Haben Ihre Mitarbeiter genügend Kompetenzen?"

„Hm."

„Sollte es in der Firma nicht auch 50:50 % sein? Sie sollten doch von Ihren Mitarbeitern mehr verlangen können, als Ansagen und Aufgaben abzuarbeiten. So etwas wie Kooperation für das Ganze und eine hohe Identifikation mit der Firma und den Produkten?"

Mine wird nachdenklich.

„Kann es sein, dass Sie Ihren Mitarbeitern die Denkaufgaben wegnehmen und diese nicht genügend zu Eigenverantwortung motivieren?"

„Hm, darüber muss ich nachdenken."

„Gehen wir zurück zu Ihnen selbst. Wie viel Eigenverantwortung haben Sie für sich selbst?"

„Na, auch 100 %"

„Wie kommt es dann, dass Sie über sich und Ihren Mann sagen 50:50?"

„Gut, jetzt verstehe ich, was Sie meinen. Ich kann gar nicht mehr für ihn verantwortlich sein, da ich mich ja getrennt habe."

„Waren Sie zuvor für ihn verantwortlich?"

„Früher fühlte ich mich immer verantwortlich für seinen Erfolg. Ich wollte alles tun, um ihn zu unterstützen. Ich sah uns als Team, das zu funktionieren hatte. Ist das falsch?"

„Hat er sie beide als Team gesehen?"

„Nein, ganz sicher nicht. Er sah mich als seine Erfüllungsgehilfin. Ich war gut für ihn, solange ich nach außen alles so gestaltet habe, dass er einen guten Stand gegenüber seinen Clubfreunden hatte und den Kollegen in der Firma."

„Und wie möchten Sie sich jetzt sehen, ihm gegenüber?"

„Ich weiß es nicht. Ich merke, dass ich ein schlechtes Gewissen habe, wenn ich an ihn denke."

„Na ja, haben Sie damals nicht den Status quo aufgerüttelt und sind ausgezogen, um mehr sich selbst sein zu können? Warum ein schlechtes Gewissen? Er ist erwachsen."

„Ach, ich glaube ich bin ausgezogen, um meine Ruhe zu haben vor all den Problemen, die wir zu Hause hatten. Ich wollte alles vergessen. Und, ja, es geht mir heute viel besser."

„Welche Bedenken haben Sie gegenüber Ihrem Mann?"

Mine schaut überrascht auf und dann am Coach vorbei in die Ferne. „Na, mein Gewissen plagt mich, dass ich ihn verlassen habe und er mich verloren hat."

„Warum hat er Sie verloren?"

„Weil er zu mir respektlos, unhöflich und manchmal unverschämt war. Ich fühlte mich seelisch missbraucht."

„Haben Sie ihm das gesagt?"

„Nein, er ließ nicht mit sich reden. Er ging aus dem Zimmer, wenn ich damit anfing."

„Ein Vermeider?"

„Ja, sicher, aber auch ein Choleriker. Eines Tages mochte ich ihn nicht mehr, konnte ihm nicht mehr verzeihen, wollte nur noch weg."

„Wenn er heute mit Ihnen redete und sich alles klärte, könnten Sie sich vorstellen, zu ihm zurückzugehen und in einer Art Wohngemeinschaft mit ihm zu leben? Hätten Sie dann Ihr schlechtes Gewissen los?"

„Nein, auf keinen Fall. Wenn ich mir das vorstelle, wird mir schwindelig. Auch in einer Wohngemeinschaft muss man höflich miteinander umgehen. Nein, ich fürchte mich vor diesem Gefühl der Verzweiflung."

„Verzweiflung?"

Mine denkt nach. „Es ist eher eine Art Furcht."

„Welche Art Furcht? Angst vor der Konfrontation mit Ihrem Mann, oder aber die Angst, die Kontrolle über ihr Leben zu verlieren? Ist es vielleicht eine Angst, in den eigenen Spiegel zu schauen?"

„Wenn Sie mich so fragen, muss ich sagen, dass ich an allen Ecken und Enden Ängste habe. In der Firma habe ich Angst, zu versagen, die Firma an die Wand zu fahren. Gegenüber meinem Mann habe ich Angst, seine Wutausbrüche wieder ertragen zu müssen und ich habe Angst, dass ich die gewonnene Ruhe in meiner neuen Wohnung verlieren könnte."

„Das macht unsicher."

„Ja, genau. So ist es für mich. Ich fühle mich nicht sicher im Sinne von fest im Sattel."

Mines Mundwinkel ziehen sich nach unten. Plötzlich sieht sie sich als totale Versagerin. „Als Firmenchefin kann man doch keine Angst haben", denkt sie.

„Was kann man machen, wenn man sich nicht fest im Sattel fühlt?" Der Coach beugt sich interessiert vor. „Als Unternehmerin kennen Sie doch bestimmt eine Lösungsmöglichkeit."

Ihre Augen schauen wieder zurück auf den Teppich mit den feinen Mustern.

„Hm, man muss die Ursachen suchen für diese Ängste und dann eine Möglichkeit finden, mit ihnen umzugehen."

„Dies ist ein passender Schlusssatz für unsere heutige Session. Ich schlage vor, Sie überlegen sich, ob Sie dieses Thema angehen möchten. Dann melden Sie sich und wir setzen gemeinsam eine Strategie auf. In Ordnung?"

„Ja, das passt. Herzlichen Dank!" Noch im Sitzen streckt ihm Mine dankbar ihre Hand entgegen. Er streckt seine aus und lächelt. „Ich danke Ihnen für das Vertrauen."

7.7   Im Park

„Kamal hat gleich zurückgeschrieben", berichtet Gert Simon. „Er freute sich über meine E-Mail. Ich habe ihm nicht gesagt, dass ich ihn gerne besuchen würde."

Mine sitzt auf ihrem alten Platz auf der Parkbank. Ihr buntes, zartes Sommerkleid streicht sie über den Knien glatt. Die Handtasche steht auf der Bank neben ihr. Während er erzählt, mustert sie ihn. Er lächelt viel mehr, sieht besser aus denn je, denkt sie. Richtig gut. Das blaue gebügelte Hemd steht ihm gut, gepflegter Haarschopf. Die Sandalen sind noch dieselben wie letzten Sommer. Na gut, Männer haben im Allgemeinen nicht so viel Sinn für Schuhe wie Frauen. Dabei schmunzelt sie in sich hinein und streckt interessiert den Kopf nach vorne.

„Und was kam beim Vorstellungsgespräch heraus?"

„Das kommt erst noch". Gert Simon lehnt sich nach vorne und schaut auf den grasigen Boden unter der Bank.

„Ich bin so gar nicht motiviert, wer weiß, ob der Job der richtige für mich ist."

„Hm, na das kannst du nicht wissen, bevor du keine Details kennst. Was stört dich an der Ausschreibung? Die Branche oder die Aufgabe?"

„Die Branche, es ist wieder IT. Dann weiß ich nicht, ob ich das Zeug zum Consultant habe. Es fühlt sich an, als würde ich wieder in den alten Trott zurückkommen. Das möchte ich gar nicht."

„Na, das ist mal eine Einsicht. Die ist wichtig, finde ich."

„Meinst du? Ich bin unsicher ob ich dies dem Berater bei der Agentur sagen kann. Sicher denkt er, ich möchte gar nicht arbeiten."

„Na, was er denkt, kannst du doch steuern, indem du ihm mutig erzählst, wie es dir geht. Das muss ihn doch interessieren!"

„Hm, ich habe nicht das Gefühl, dass er sich für mich interessiert."

„Du bist ja auch nur einer von vielen Arbeitssuchenden dort. Die sind alle überlastet. Doch zuallererst müsstest du dich für dich selbst interessieren, nicht?"

„Weißt du, mein Leben hat sich so stark verändert und ich habe mich noch nicht daran gewöhnt. Jetzt soll sich schon wieder etwas verändern und womöglich zurück in dasselbe Fahrwasser. Das macht mir kein gutes Gefühl."

Mine erinnert sich an ihren Coach, der hilfreiche Fragen stellt. „Was würde dir ein gutes Gefühl machen?"

„Ich weiß es nicht genau, ich weiß nur, dass ich heraus muss meinem Trott. Ich habe Angst, einen Fehler zu machen. Kamal und das bunte Indien fühlen sich wie ein Lichtblick an." Da beginnt Gert Simon breit zu lächeln, seine Augen werden zu Schlitzen und Mine lächelt zurück.

„Interessant, was du da sagst. Hast du das mal mit deinem Coach besprochen?"

„Der Coachingauftrag von der Agentur endet automatisch, wenn ich eine Stelle antrete. Es wäre schade, wenn ich mich mit ihm nicht mehr treffen könnte. Die Gespräche haben mich weitergebracht."

Mine legt ihre Hand auf Gerts Arm. „Aber Gert, du kannst ihn doch sicher auch privat buchen und dir das leisten, wenn du wieder Geld verdienst, oder?"

„Ja, stimmt. Danke, Mine, manchmal denke ich nicht so weit."

Sie sitzen noch eine Weile auf der Bank unter dem Ahornbaum und genießen den Sommertag. Mines zartes Sommerkleid flattert in der leichten Brise als sie aufsteht. Sie verabschieden sich mit einer kurzen Umarmung. Beide lächeln zufrieden. Während sie in entgegengesetzte Richtungen gehen, wenden sich nochmals gegenseitig winkend zu.

Mine steht am Fenster und denkt an das Treffen im Park. Gert geht es besser. Auffallend ist, dass er sich nie nach ihrem Befinden erkundigt. Sie hatte ihm geschrieben, wie gestresst sie war. In ihren Gesprächen geht es nur um Gerts Situation. Wie kommt das? Sie selbst erzählt nicht, wie es ihr geht, nichts über ihre Wünsche. Lieber hört sie zu. Reden fällt ihr schwer, ist anstrengend, zu vieles hat sich in ihr aufgestaut. „Ja, so ist es", sagt sie kaum hörbar, „jeder ist so mit sich selbst beschäftigt". „Der Arme ist mutlos." Sie dreht sich um und geht zum Sofa. „Ich auch." Damit legt sie sich hin und starrt an die Wohnzimmerdecke. Da klingelt ihre Türglocke. Mine schreckt zusammen. Sie nimmt ein Kissen und hält es auf ihr Gesicht. „Ich bin nicht da", flüstert sie.

7.8 Hindernisse überwinden

Mines Türglocke hört nicht auf zu klingen. „Verdammt", ruft sie als sie aufspringt und zur Sprechanlage springt. „Ja bitte?" Keine Antwort. Erleichtert atmet sie auf. „Wer kann das gewesen sein?" Gert? Nein, der würde sich anmelden, er war noch nie bei ihr. Ihr Mann? Ihr Bruder? Wer wollte sie schon besuchen? Sie kann sich nicht leiden. Während sie zur Küche geht, spürt sie ihre Sehnsucht nach Verständnis und Liebe. Die Kaffeemaschine surrt. Die schwarze Flüssigkeit füllt langsam die Tasse. Das Schwarz erinnert sie an ihren Mann. Auch er muss sich schlecht fühlen. Auch er muss in einem Sumpf von Fragen stecken. Wer soll ihm die beantworten, wenn nicht sie? Vielleicht fühlt er sich ungerecht behandelt, vielleicht fühlt er sich schuldig. Auch dieser andere Mann, der sich außergewöhnlich verhaltende Roboterverkäufer, muss sich fragen, warum sie so abweisend und dann doch wieder einladend ist. So ein ambivalentes Verhalten legte sie früher nicht an den Tag. Möchte sie diesem Mann ihr Interesse zeigen? Wieso nicht, er will ihr doch nur einen Roboter verkaufen, mehr nicht. Oder doch? Wie soll sie agieren auf welche Fragen? Sie hat keine Antworten auf keine Fragen. Doch sie ist jedes Mal unsicher, wenn sie mit diesem Mann Kontakt hat. Wohl, weil er so charmant ist. Da kommt ihr wieder ihr Mann in den Sinn. Der war die längste Zeit alles andere als charmant. Sie ist auch nicht mehr verantwortlich für ihn, oder? Nein, keinesfalls, sie muss sich für ihn nicht verantwortlich fühlen. Mit der Tasse in der Hand geht sie hinüber zum Couchtisch und bleibt stehen. „Ich sehne mich nach Wärme." Warum versteckt sie sich, öffnet die Tür nicht? „Ich fürchte mich, habe keine Ahnung wie ich mich am besten verhalte. Habe ich Angst vor irgendwelchen Konsequenzen?" Während sie an ihrem Kaffee nippt, fragt sie sich „Welche Konsequenzen? Was könnte im schlimmsten Falle passieren? Und die Mitarbeiter? Sie sprechen nicht wirklich ehrlich mit mir. Auch sie müssen sich doch fragen, warum ich immer so mürrisch zu ihnen bin. Trauen sie sich nicht?"

Ihr Coach fragte einmal, welche aus drei Fragen am lautesten nach einer Antwort rufen würde? Welche wäre diese jetzt? „Die Mitarbeiter!", sagt Mine laut vor sich hin. Energisch stellt sie die Kaffeetasse auf den Couchtisch und setzt sich ins Sofa. „Warum sind Ihnen die Mitarbeiter wichtiger als Ihr Mann?" würde der Coach jetzt fragen. Ihr Herz beginnt zu pochen.

Ist es wirklich so? Ja, sie hängt an der Firma, die ist ihr Leben, sie hat keinen anderen Lebensinhalt. Trotzdem denkt sie immer öfter, dass sie das alles loshaben möchte, diese Verantwortung, diese Fehler, diese miese Laune. Und ihr Mann? Früher hatte sie ihren Mann zumeist nur bedient, ihm alles so gestaltet, dass es ihm gut ginge. Seine Freunde interessierten sie nicht. Ihn interessierten ihre Themen nicht. Oft verhielt er sich undankbar. Soll er doch in seinem Saft schmoren! Doch andererseits, wenn sie ihrem Mann keine Erklärungen gibt, wird er nicht aufhören, sie zu nerven. Klärung für ihren Mann und danach für die Mitarbeiter.

Entschlossen steht sie auf, hält inne und setzt sich wieder. Erst nachdenken, dann telefonieren, befiehlt sie sich.

„Ja, schon, die Stelle möchte ich", berichtet Gert Simon seinem Coachingbegleiter.

„Nicht besonders überzeugend, nicht besonders motiviert, nicht besonders interessiert – hören Sie sich an."

Gert Simon seufzt vor Schuldgefühl. „Ehrlich gesagt, ich bin es auch nicht."

„Darf ich Sie fragen, was Sie möchten?"

„Was?"

„Was möchten Sie für sich und Ihr Leben?"

„Freiheit? – hm – selbst bestimmen – ich fürchte mich vor dem alten Trott, den ich die ganzen Jahre hatte. Ich glaube, ich brauche etwas Neues, einen Lebensinhalt, der mir Spaß bringt."

„Glückwunsch, Herr Simon, zu Ihrer Ehrlichkeit!" Sein Coach lächelt. Eben haben Sie sich positioniert." Gert Simon schaut erstaunt auf. „Wie?"

„Nun, ich höre Freiheit, Neues, Spaß und Lebensinhalt. Lauter positive Dinge, nicht wahr? Ich denke, Sie haben den Schlüssel im Schloss umgedreht, die Tür ist jetzt geöffnet für ein neues, lebendigeres Leben."

Gert Simon nickt und lächelt verlegen. „Kann sein."

„Na, dann haben wir nun eine bedeutungsvolle Schwelle erreicht. Von hier aus können Sie loslegen, sich selbst aktiv neu zu gestalten. Möchten Sie das tun?"

„Ja, genau." – „Ich habe schon damit angefangen. Mein Schlafzimmer hat nun eine türkisblaue Wand, ich habe alles weggeworfen, was mich an mein altes Leben erinnerte. Ja, ich bin bereit."

„Gut, dann werden wir uns demnächst mit ihrer neuen ICH-KULTUR® befassen. Möchten Sie das?"

„Na gut, aber Theorie hilft mir nicht, ich brauche praktische Hilfen."

„Aber sicher, die werden Sie von mir bekommen." Beide stehen auf. Der kräftige Händedruck des Coaches fällt Gert Simon zum ersten Mal auf. Er drückt beherzt zurück.

> **Tipp**
> Wie kann man Gert Simons ICH-KULTUR® beschreiben?

7.9 Wie kann man Gert Simons ICH-KULTUR® beschreiben?

Unsere ICH-KULTUR® entwickelt sich aus vielen Einflüssen sowie Erlerntem. Wir erinnern uns; die ICH-KULTUR® besteht aus Schicksalseinflüssen, multiplen Intelligenzen als Potenziale (Gardner 2011), unseren persönlichen Big Five (Persönlichkeit) mit unseren Temperamentsanlagen sowie die vielfältigen Kulturvariablen, die zum größten Teil unserer Sozialisation entstammen und sich partiell als Glaubenssätze manifestieren. Wenn das Gehirn Dinge lernen kann, kann es sie auch wieder ablegen. Eric Kandel bekam den Nobelpreis durch seine Arbeit über das Gedächtnis. Er bewies neben seinen Untersuchungen an Seeschnecken und Mäusegehirnen zum Erinnerungsvermögen auch, dass das Gehirn Erinnerung überschreiben kann und durch neue ersetzen (Kandel 2006). Hierzu braucht es den unbedingten Willen zum Lernen und auch zum Ablegen dysfunktionaler Gewohnheiten.

Gert Simons ICH-KULTUR® ist heute ein Wirrwarr an Unklarheit. Man kann sie kaum ICH-KULTUR® nennen. Seine negativen Gefühle, die sich hauptsächlich in Ängsten zeigen, überschatten noch immer sein Dasein. Trotz zaghafter Schritte, hemmen Existenz- und Versagensangst ein Gefühl der Zuversicht in ihm. Wie könnte er nun Zuversicht und seine ICH-KULTUR® entwickeln?

Der Glaube an sich selbst heißt Selbstvertrauen. Der Glaube an die eigene Selbstwirksamkeit mündet in einem Minimum an Mut. Menschen brauchen Menschen, den gegenseitigen Austausch sowie Rückmeldungen, die unser Fremd- und Eigenbild möglichst deckungsgleich machen. Ohne es zu merken, helfen Menschen manchmal anderen durch nicht eingeladenes ernst gemeintes positives oder negatives Feedback, Komplimente, Ermunterungen und Lob. Einschneidende positive und negative Erfahrungen haben Einfluss auf das Entstehen von Synapsen (Verbindungsstelle zwischen zwei Nervenzellen). Wenn man Neues lernt, entstehen neue Synapsen. Wenn wir durcheinander sind, können wir uns nicht gut auf Neues konzentrieren, wir können auch nicht gut lernen. Neue Synapsen können nicht entstehen. Wenn sich Gert Simon, wie noch vor Kurzem isoliert und sich vom beruflichen Leben fernhält, keine neuen Menschen kennenlernen kann und weiter scheu bleibt, kann sich sein Gehirn nicht so gut entwickeln, als wenn er Impulse durch Eindrücke und Austausch mit anderen Menschen bekäme. Entscheidend für seine günstige Weiterentwicklung nach seinen Schicksalsschlägen ist also das Kennenlernen neuer Menschen, die ihn innerhalb eines sicheren Raumes fordern. Warum also nicht die Reise nach Indien? Glücklicherweise hat Gert Simon die Chance, die Eindrücke über seine Freunde mit denen über Mine und seine beruflichen Berater abzugleichen. Die auffällige Inkongruenz der Sichtweisen wird ihm helfen, sich langfristig nach seiner Fasson zu positionieren. Insgesamt dürfte es spannend bleiben, ob Gert Simon durch seine Berater auf seine „multiplen Intelligenzen" als Potenzial aufmerksam gemacht werden wird. Ebenso könnte er zunächst an seinen Interaktionsbedürfnissen sowie seinen Denk- und Verhaltensstilen als Teil seiner ICH-KULTUR® arbeiten. Damit er sich mit diesen beschäftigt, braucht es Menschen, die ihm durch ihre verlässliche Anwesenheit Zuversicht zusprechen, die an ihn glauben und dies ehrlich kommunizieren. Um mit seiner Existenz- und Versagensangst erfolgreich umzugehen, braucht Gert Simon ebenfalls unterstützende Impulse durch Menschen.

Literatur

Blanchard K (1999) Heart of a leader: insights of the art of influence. David Cook, Colorado

Brönner T, Ilg D (2018) Nightfall, Musik CD

Gardner H (2011) The unschooled mind: how children think and how schools should teach. Basic Booky by Perseus Book Group, Philadelphia

Kandel E (2006) Auf der Suche nach dem Gedächtnis. Siedler Verlag, München

8

Menschen brauchen Menschen und Roboter

In unserer Zeit beschäftigen sich die Menschen ernsthaft, erfinderisch und nachhaltig mit digitalen Transformationen, die uns die Arbeit erleichtern sollen. Nicht ganz sechzig Jahre ist es her, als der frisch angestellte Jack S. Kilby während der Werksferien von Texas Instruments mit viel Zeit und Ruhe den Mikrochip entwickelte. Neue, beeindruckende Technologien werden seither durch tüftelnde Menschen entwickelt. Zeit lassen wir uns inzwischen jedoch nicht mehr. Die durch die Computertechnik erreichte Schnelligkeit scheint voll und ganz Besitz von uns zu nehmen. Im Internet werben Webseiten zum Beispiel „Halbleiter – Schnelle Erklärung & Übungen – Werde Experte in nur 3 Minuten". Schnelligkeit, das ist weithin bekannt, fördert in uns Menschen Ängste. Unserem Gehirn gelingt es nicht so einfach, mit der gewaltigen Flut an Informationen fertigzuwerden. Auf E-Mails möchten wir möglichst zeitnah reagieren, haben aber kaum Zeitfenster für das intensive Lesen der Nachrichten. Da kommt es schon vor, dass wir als Person diffuse Ängste entwickeln. Angst vor unserer eigenen Unfähigkeit, Angst vor dem Nichtmitkommen, Angst vor Überwältigung, auch die Angst vor der Angst. Wie so oft bei drohenden Veränderungen entwickeln Menschen eine latente Furcht vor Unsicherheiten. Wer ein hohes Sicherheitsbedürfnis hat, ist besonders anfällig für die Angst vor Unsicherheit. Wer eine hohe Ambivalenztoleranz hat, wagt ohne lange Nachforschung mehr, hüpft eventuell einfach auf unbekanntes Terrain und geht leichter das Risiko ein, einen Fehltritt zu machen. Jemand mit einer hohen Unsicherheitsvermeidung fühlt sich umso sicherer, je mehr Informationen er hat, die sein Sicherheitsbedürfnis befriedigen. Durch die hohe Entwicklungsgeschwindigkeit neuer Technologien und die Ungeduld

© Springer Fachmedien Wiesbaden GmbH, ein Teil von Springer Nature 2019
J. Malzacher, *Mut in der Arbeitswelt durch ICH-KULTUR*,
https://doi.org/10.1007/978-3-658-24809-3_8

gegenüber ihrer flinken Implementierung in Systeme, geschehen neue bisher unbekannte Fehler. Ein Teufelskreis entsteht. Oft gelingt Menschen nun die Fehlersuche im System nicht mehr. Falsch Programmiertes kann nur noch mithilfe eines Suchsystems ausgemerzt werden. Dabei kann es vorkommen, dass nicht jeder Verantwortliche dieselbe Information über Systeme hat. Oft sind die wenigen Fachexperten mit Trouble Shooting oder Programmieren völlig überlastet. Wenn sie ausfallen, könnte Chaos entstehen. Eine neue Angst macht sich breit. Ängste sind normale menschliche Gefühle mit essenzieller „Survival"-Funktion. Überleben betrifft auch die Vorgänge in digitalen Systemen und die Existenz der Menschen, die sie steuern. Unsere Ungeduld trägt nämlich auch dazu bei, dass wir Mitarbeiter oder Führungskräfte inzwischen bei nicht angepasster Ausführungsgeschwindigkeit ihrer Aufgaben einfach als unprofessionell abstempeln und gerne entsorgen möchten. Wie schön, dass unsere digitalen Helfer keine Menschen sind. Sie kann man tatsächlich einfach entsorgen, „Scrappen", zum Müll werfen und ersetzen. Ebenso Roboter. Auch wenn wir uns bemühen, einem Roboter ein menschliches weibliches oder männliches Antlitz zu geben, ähnlich dem Prototypen „Sophia" (www.youtube.com/watch?v=S5t6K9iwcdw), so ist er doch nur eine Maschine. Sobald die Maschine menschlich aussieht, beginnen wir, uns vorzustellen, dass dieser menschlich aussehende Roboter Macht über uns haben könnte. Schon entsteht eine neue Angst, unsere Autonomie bis hin zur Existenz scheint bedroht.

Gegen Ängste, wenn sie ohne krankheitsbedingte Störung entstehen, gibt es nur ein wirksames Mittel, nachhaltige Information und Bildung. Wir müssen Kompetenzen entwickeln, die uns gebührend unterstützen, hinter die Dinge zu schauen, sie zu durchblicken. In Zeiten der Digitalisierung braucht es Digitalkompetenzen. Diese zu entwickeln ist die Verantwortung eines jeden Einzelnen. In einer qualitativen Befragung (2018) mit 30 Einflussnehmern in unsere Gesellschaft (Führungskräfte, Mediziner, Psychologen, Pädagogen, Berater) wollte ich wissen, wie bedeutsam sie ihre persönliche Wirkung auf die Gesellschaft sehen. Insgesamt 85 % sind sich ihrer bedeutsamen Wirkung bewusst und wünschten sich mehr Wirkungsradius. Auf die Frage, welche Vorbildfunktion im Hinblick auf die Digitalisierung sie einnehmen, nannte die Mehrzahl humanitäres Verhalten, Kommunikation, Kanalisierung von Information, Persönliches vor Digitalem, soziales Engagement. Interessanterweise gab es auch Menschen, die sich einer Vorbildfunktion nicht bewusst waren oder sich gar gegen eine Vorbildfunktion aussprachen. Gründe hierfür liegen weitgehend in derer Definition von Gesellschaft. Welche drei Verhaltensweisen sie als Mensch in Zeiten der

Digitalisierung verwirklichen wollten, wurde beispielsweise so beantwortet: Widerstand gegen Machtmissbrauch, sinnvolle Nutzung digitaler Produkte, Einsetzen für Meinungsfreiheit, Reduktion von Informationsflut, Förderung digital-intelligenter Prozesse, sich treu bleiben, Menschen Ängste nehmen durch Vermittlung von Wissen, ehrenamtliches Engagement zur Förderung von Unterstützung, Chancenvielfalt fördern.

Als Führungskräfte haben wir die Pflicht, unsere eigenen Wissenslücken zu schließen für einen verantwortungsvollen Umgang mit den Herausforderungen des digitalen Zeitalters. Wir haben auch die Pflicht, im Unternehmen dafür zu sorgen, dass sich Mitarbeiter weiterbilden möchten. Wer keine Weiterbildung möchte, könnte sich bald abgehängt fühlen. Eine Bitkom-Studie (Bitkom 2016) brachte hervor, dass 4 % der befragten Unternehmen ab 10 Mitarbeitern Digitalkompetenz neben Sozialkompetenz als die zukünftig wichtigste Kompetenz sehen. Jedoch mangelt es immer noch an der Bereitschaft an Weiterbildung; 62 % der befragten Unternehmen bilden nicht weiter. Insgesamt 70 % sagen, sie hätten kein Budget. Die meisten über 40-Jährigen erhalten keine Weiterbildung. Warum es in Unternehmen keine zentrale Weiterbildungsstrategie gibt, wird mit zu teuren Angeboten (36 %) und nicht beurteilbarer Qualität der Angebote (31 %) und einem fehlenden Überblick über die Angebote (25 %) begründet. Während diese Zurückhaltung in der beruflichen Weiterbildung aufgrund von fehlender Information verständlich ist, hilft sie dennoch nicht, die oben beschriebenen Ängste einzudämmen. Unsere schulische Ausbildung ist daher ein gesellschaftliches Muss. Hier fehlt nach meiner Meinung viel praktische, für das Leben-Lernen hilfreiche Unterstützung. Der Umgang mit Ängsten, dem Andersartigen und zwischenmenschlichen Konflikten, im Sinne einer Sozialkompetenz müssen endlich in das Zentrum rücken. Die Verbindung mit und die Abgrenzung von digitalen Helfern sind für mich essenziell für sowohl die Bereitschaft als auch die Stärkung von kritischem Denken und gleichzeitigem Wohlwollen. Im Ergebnis zeigten sich solche Lebenskompetenzen durch eine ICH-KULTUR®, die ihrerseits zu mentaler Widerstandskraft beitragen kann.

Im Folgenden lesen Sie über zwei Menschen, die durch die gemeinschaftliche Unterstützung von Menschen und Technologie trotz großer Schicksalsschläge und Einschränkungen ein zufriedenes privates und berufliches Leben führen.

8.1 Wie ich meine ICH-KULTUR® fand – Zwei Interviews mit Analyse

Lieber Leser, in meiner langen Tätigkeit für Menschen in Organisationen und außerhalb, bin ich Personen begegnet, die mich anrührten, beeindruckten oder mich nicht mehr losließen. Wenn jemand die Gedanken eines anderen Menschen vereinnahmt, darf man sich durchaus fragen, wie es kommt, dass uns dieser Mensch wichtig ist. In jedem Fall berührt er unser Herz, denn es sind unsere Gefühle, die zuerst reagieren, wenn wir jemandem begegnen. Hierzu gibt es eine Übung.

8.1.1 Eine kleine, effektive Übung

Fragen Sie sich bei einer Begegnung:

Erstens: *„Was berührt mich an diesem Menschen?"*,
statt „Was kann dieser Mensch besser als ich?", oder „Wie kann uns dieser Mensch dienlich sein?", „Tut dieser Mensch seine Arbeit gut genug?"

Zweitens: *„Was wünsche ich mir von diesem Menschen?"*
Damit betrachten Sie den Menschen, der ihnen wiederum Information über Sie selbst gibt. Wie zum Beispiel: Mag ich ihn oder ist er mir nicht sympathisch? Was brauche ich, damit ich ihn schätzen kann? Die Neurobiologie mit ihren Spiegelneuronen oder die Psychologie mit ihrer Erklärung der Resonanz helfen dem wissenschaftlichen Verständnis. Hier interessiert jedoch unser persönlicher Umgang beim Beziehungsaufbau. Grundsätzlich hilft uns diese Übung, diffusen Gefühlen Klarheit zu verschaffen. Ihnen als Führungskraft hilft sie sicherlich auch, den Kunde, Mitarbeiter oder Kollegen durch eine neutralere Brille zu betrachten, statt in Windeseile Urteile zu fällen.

In diesem Zusammenhang fragte mich ein Interessierter, warum er sich solche Mühe um seine Gedanken machen sollte. Meine Antwort war, es hülfe ihm, sich selbst besser kennenzulernen. Nicht immer müssen wir in einer bestimmten Rolle auf Menschen zugehen. Als Kollege könnte ich in meinem Kollegen den Menschen sehen und ihn erst danach wieder in seiner Rolle als Fachkraft, Vorgesetzter, Führungskraft, Kollege oder Freund. Einen Roboter kann ich nicht in dieser Vielfalt sehen; er wird immer Roboter, also Dienender, bleiben. Ein Roboter kann keine ICH-KULTUR® entwickeln, eher eine „AIR-Culture". Diese zu steuern, ist, wie oben beschrieben, Sache der Menschen, die ihn und seine Lernschritte programmieren.

Warum sollte ich den Menschen als Menschen sehen? Nicht erst in unseren Zeiten der Gereiztheit, des Aufbruchs und der Digitalisierung, ist es für mich unabdingbar, sich selbst verantwortungsvoll als Mensch zu sehen, die eigenen Werte zu befragen statt als Trittbrettfahrer Werten anderer nachzulaufen. Für ebenso wichtig scheint mir, sich zu fragen, ob wir aus Angst unzeitgemäß zu sein, jede Neuerung mitmachen möchten. Damit möchte ich keineswegs zu rebellierender Blockierung des Neuen aufrufen, sondern vielmehr an den gesunden Menschenverstand und eine gute Kenntnis unserer ICH-KULTUR® erinnern. Nicht erst, wenn wir in Rente gehen und somit zukünftig „nicht öffentlich" agieren, sind wir verantwortlich für unser Sein in Gemeinschaft. Dies gilt so lange, bis unser Hirn durch altersentsprechende Erkrankungen eingeschränkt funktioniert.

Im Folgenden teile ich mit Ihnen die Gedanken und Lebenseinstellungen zweier Menschen, deren ICH-KULTUR® sich durch bedeutende Schicksalseinflüsse in besonderer Weise entwickelt hat. Beide arbeiten als Angestellte in großen Betrieben. Aus systemischer Sicht darf man sagen, dass beide von ihrem Einfluss und ihrer Stimme Gebrauch machen. Beide leben bewusst aufgrund ihrer Schicksalseinflüsse, ihrer Persönlichkeit und ihres Temperaments, ihrer unerschütterlichen Werte und Lebenseinstellung sowie ihrer multiplen Intelligenzen. Beide arbeiten bewusst an ihren Kulturvariablen. Lesen Sie die Interviews mit Manuela Proske und Götz Waidlein mit freundlicher Genehmigung durch die Interviewten.

8.1.2 Manuelas ICH-KULTUR®

Liebe Manuela Proske, herzlichen Dank für deine Bereitschaft zu diesem Interview. Beruflich kennen wir uns schon mehrere Jahre. Ich finde deine positive Sichtweise auf das Leben sehr beeindruckend, zumal du Anfang 2016, mit 52 Jahren, einen beträchtlichen Einschnitt durch einen gesundheitlichen „Supergau" erfahren hast, der dein Leben von einer Minute auf die andere veränderte.

Im Jahr 2017 warst du mit 32 anderen Patienten Teil der Roadshow „Patientengeschichten auf Deutschland-Tour" der Deutschen Universitätskliniken. Was war der Grund?
Der Grund für meine Teilnahme an der Roadshow war, dass mein Leben durch eine Hirnblutung am seidenen Faden hing und ich schließlich gerettet wurde. Eine außergewöhnliche Rettung aus der Damentoilette durch Arbeitskollegen und eine gelungene neurochirurgische Notoperation sowie meine weitgehende Rehabilitation waren das Besondere.

Ich hatte ein Hirnarterien-Aneurysma, dies ist eine krankhafte Aussackung einer Schlagader im Kopf und hoch lebensbedrohlich. Die Sterblichkeitsrate liegt bei 30–50 %. Bei mir platzte die Schlagader, ich kollabierte in der verschlossenen Damentoilette und wäre sicher gestorben oder permanent behindert gewesen.

Bitte erzähle kurz über deine Gedanken über deine Rettung
Die Rettungsaktion durch aufmerksame Menschen, meine Kolleginnen, in meinem beruflichen Umfeld stellt für mich noch immer die Initialzündung für mein neues Leben dar. Mein Chef kam dazu, kümmerte sich. Als ich aus dem Koma erwachte, war meine Familie an meiner Seite. Mein Bruder erklärte mir, dass ich dem Tod von der Schippe gesprungen war. Neben den fürsorglichen Pflegekräften gab es einen Nachtdienstpfleger, der mich sehr aufrichtete. Er war locker und zugetan, ermunterte mich aufzustehen. Er gab mir die Zuversicht, wieder ins mobile Leben zurück zu können, ohne Hilfsmittel. Ich erkannte, dass ich eine zweite Lebenschance erhalten hatte.

Welche Ängste nimmst du in deinem heutigen Leben wahr?
Es gab nie eine Zeit, in der ich viel Angst hatte. Ich setze mich intellektuell mit Informationen auseinander; bin mir sehr bewusst, wie viel Glück ich hatte. Ich möchte wieder alles gut können. Ja doch, ich fürchte mich vor der Wiederholung des Ereignisses. Bei Wetterumschwüngen spüre ich eine erhöhte Sensibilität. Druckgefühle an der Nase oder ein Zucken am Auge lassen mich besonders wachsam sein. Ich lebe mit der Erinnerung an diesen Einschnitt und vertraue auf meine Umwelt und die Medizin. Nach der Wiedereingliederung arbeite ich wieder an meinem alten Platz, gehe wieder auf „meine alte" Toilette. Dort habe ich keine Angst, auch keine Angst vor dem Tod.

Schätzt du dich glücklich? Wie würdest du dein Gefühl von Zuversicht beschreiben?
Ja, ich bin zuversichtlich. Ich bin in einer Social-Media-Gruppe, die sich mit Aneurysmen beschäftigt und sich für den Informationsaustausch einsetzt. Dort sind wir in Gemeinschaft. Ich fühle mich in der Gruppe als Motivator. Ich schätze, manchmal bin ich ein Inspirator für Betroffene. Ich genieße mein Leben, bin neulich nach Japan gereist, der erste große Urlaub nach diesem Ereignis (2,5 Jahre danach). Dort wurden wir verschont von dem Erdbeben und den großen Regenfällen. Ich kann Auto fahren, habe letztes Jahr den Firmenlauf mitgemacht. Im September werde ich den nächsten Lauf mitmachen.

Wer gibt dir Heimat, Halt oder Stärke, vor allem bei dem Schicksalsschlag?
Meine Familie, allen voran meine Mama. Sie waren da, mit uneingeschränkter Zuneigung und Zuwendung. Der stellvertretende Klinikdirektor der Neurochirurgie am Uniklinik Düsseldorf hat die OP so durchgeführt, dass die winzige Chance, ein Clipping des Aneurysmas zu setzen, erfolgreich gelang.

Damals waren es die fürsorglichen Pflegekräfte, mein Chef, der mich im Krankenhaus mit seiner Assistentin besuchte, Kollegen. Meine kanadische Freundin. Das schätzte ich sehr. Weit entfernte Freunde zeigten mir ihr permanentes Mitgefühl. Soziale Unterstützung durch häufige Besuche von lieben Menschen. So festigten sich Freundschaften. Diese sind mir sehr wichtig.

Was wünscht du dir für deinen Arbeitsalltag?
Ich bin Dipl.-Ing. und arbeite in meinem Beruf 40 h. Mir fehlt die Kraft, während der Arbeitstage privat noch viel zu tun. Ich gehe nicht mehr bis spät am Abend aus. Dazu habe ich fast jeden Tag Reha-Anwendungen. Dadurch leiden manche Freundschaften, die sich ja ohnehin in bestimmten Lebensphasen verändern. Ich möchte nicht als die Kranke gesehen werden, sondern als ganz normale Mitarbeiterin.

Seit meiner Wiedereingliederung habe ich einen neuen Chef, der beim Kennenlernen erfuhr, was mit mir geschehen war. Er ist informiert. Ich gehe proaktiv mit meiner Situation um. Meine Kollegen fragen immer wieder nach, wie es mir geht. Mir tut gut, dass mein Zugehörigkeitsgefühl gestärkt wurde. Nach dem Ereignis wurde ich in den Betriebsrat gewählt. Dies sehe ich als eine Gelegenheit und Geste zurückzugeben, was ich empfangen habe. Durch mein Engagement für das Unternehmen und die Mitarbeiter möchte ich „Danke" sagen.

Was bringt dir Genuss?
Zeit haben für sich selbst, kein Terminplan oder dringende Termine, Bewegung in der Natur, meine Familie, Kochen, mein Kanada-Treff, wieder reisen können.

Wie würdest du heute deine ICH-KULTUR® beschreiben?
Es sind in der Hauptsache Werte, nach denen ich lebe: Achtsam sein, den Moment (er-)leben, dankbar sein und nach vorne schauen – in die NÄHERE Zukunft. Zufrieden und zuversichtlich das „zweite" Leben genießen, denn mir ist ganz intensiv bewusst: Ich habe nur das EINE;-).

Herzlichen Dank Manuela für deine Offenheit. Von Herzen alles Gute für die Zukunft.

Manuela lächelt gerne. Ihre freundliche, ruhige Stimmlage und gewählter Ausdruck haben manchmal eine geradezu spirituelle Anmutung. Es macht andächtig, mit ihr zu sprechen. In der Analyse zeichnet sich Manuelas ICH-KULTUR® durch ein verstärktes Werteempfinden aus. Aufgrund der zurückliegenden Schicksalseinflüsse schätzt sie die Gemeinschaft noch mehr als zuvor. Sie schätzt qualitativ hochwertige Beziehungen. Für andere da zu sein, Freundschaften zu pflegen bei gleichzeitiger selbstfürsorglicher Abgrenzung, ist ihr noch wichtiger geworden. Dies zähle ich unter „Psychologische Interaktionsbedürfnisse" und „Stressresistenz" als zwei der fünf Kulturvariablen der ICH-KULTUR®. Stressresistenz hat mit einem gelingenden Umgang mit Angst zu tun. Manuelas Zuversicht und Dankbarkeit spürt man bei jedem Gespräch mit ihr. Ihre Dankbarkeit für die neue Lebenschance erfahre ich als grenzenlos. Die Akzeptanz des Unveränderlichen und die Möglichkeit, dass ein weiteres Aneurysma platzen könnte, lebt sie heute noch stärker, indem sie Tatsachen ins Auge schaut, statt sich vorzugaukeln, sie seien nicht da. Diese Haltung wirkt sich unbemerkt auf die Stimmung in ihrer privaten und geschäftlichen Umgebung aus. Als weiteren Teil der fünf Kulturvariablen betrachten wir die Kommunikation. Manuela war in der Vorbereitung der Roadshow, ihrer Aufstellung zum Betriebsrat sowie in Vorbereitung des Interviews besonders gefordert, ihre Gedanken prägnant zu formulieren. Durch eine solche Übung verfeinert sich natürlicherweise die Kommunikation. Wir werden aufmerksamer und besonnener, wenn wir eine Aufgabe in der Öffentlichkeit wahrnehmen, benutzen gewählte Worte. Ich habe erfahren, dass Manuela schon vor ihrem gesundheitlichen Schicksalsschlag besonnen war und sich gewählt ausdrückte. Wegen der Roadshow und ihrer Betriebsratsfunktion wird sie in dieser Richtung nun nochmals gefordert. Wie ich sie kenne, wird sie sich bei solchen Gelegenheiten nochmals genau überlegen, wie sie sich durch ihre ICH-KULTUR® präsentieren möchte. Sie wird noch bewusster, noch aufmerksamer und noch gewählter, denn es ist in erster Linie immer zuerst die sprechende Person und niemand anderer, der seiner Stimme Raum gibt und dabei sich selbst vertritt. Immer kommen erst danach die Menschen, die wir begeistern und vertreten werden.

Ein weiteres Element der fünf Kulturvariablen sind Stile. Hierzu gehören Verhaltensstile, Kommunikationsstile, Denk- und Arbeitsstile. Möglicherweise veränderte Manuela ihren Arbeitsstil. Sollte sie bisher Termine verbissen eingehalten haben, könnte es sein, dass sie sich nun lockerer um mehr Puffer in ihren Stundenplan bemüht. Sie erzählt, dass sie nicht mehr so oft lange ausgeht. Ihr Verhalten gegenüber Freunden verändert sich damit. Sicher wird sie dies ihren Freunden mitteilen und um deren Verständnis bitten. Würde sie nur schweigend wegbleiben, wäre den Freunden Spekulation überlassen und könnte zu Missverständnissen führen. Als Teil der ICH-KULTUR® zeigen sich Potenziale in unseren multiplen Intelligenzen. Bei Schicksalsschlägen werden intrapersonelle, interpersonelle und spirituelle Intelligenzen besonders getriggert. Es lässt sich vermuten, dass ihre sprachliche Intelligenz durch den Ausdruck dramatischer Gefühle der Dankbarkeit getriggert wurde und möglicherweise eine weitere Entwicklungsstufe erreichte. Der Umgang mit ihrer Lebenszeit hat ihre Bewusstheit fühlbar geschärft. Nicht nur dies, ihr privates und berufliches System profitieren davon, denn sie sind ein Teil gemeinsam gemachter Erfahrungen. Somit kann angenommen werden, dass die Menschen in ihrem System nun ebenfalls ein Stück weit bewusster leben.

Studien zeigen, dass sich die Persönlichkeit durch sogenannte „Major Life Events" langfristig verändern kann (Specht 2011). Manuelas Offenheit für Neues mag durch den Schicksalsschlag möglicherweise durch eine innere Haltung des „Jetzt erst recht" steigen. Nur sie selbst kann dies wirklich beurteilen. Weil Ausgangsdaten fehlen, ist die objektive Bewertung einer solchen Veränderung schwer. Manuela kenne ich als eine sorgfältige, kooperative, ruhige Person. Die Zeit wird zeigen, ob und in welche Richtung sich ihre Verträglichkeit, Extraversion, Gewissenhaftigkeit und Reizbarkeit gemäß der Big Five verändern wird.

Wenn sie als Schicksalsschlag kommen, wie im Falle Manuelas, betrachten IPC®-Consultants Schicksalseinflüsse immer als Chance für die Entwicklung der ICH-KULTUR® des Betroffenen und der Co-Betroffenen. Je emotional näher sich Co-Betroffene dem Betroffenen fühlen, desto höher ist die Wahrscheinlichkeit, dass auch sie aus dem Ereignis schöpfen. Dies könnte sich in erhöhter Bewusstheit zeigen, der im besten Falle Zuversicht oder Mut entspringen. Warum im Besonderen Schicksalseinflüsse zur Entwicklung mentaler Resilienz beitragen können, zeige ich im nächsten Beispiel über Götz Waidlein.

8.1.3 Götz Waidleins ICH-KULTUR®

Lieber Herr Waidlein, durch berufliche Aktivitäten kennen wir uns schon einige Jahre. Ein bleibender Eindruck für mich war gleich zu Beginn ihre fröhliche Art und reflektierte Kommunikation sowie Ihre optimistische Sichtweise auf das Leben. Ihre ICH-KULTUR® erschien

mir damals weiterentwickelt als die mancher Menschen in Ihrem Alter. Lebensumstände und Lebensweg fließen als Schicksalseinflüsse in unsere ICH-KULTUR°. Sie lassen uns manchmal besonders intensiv über uns und unsere Umgebung nachdenken. Darüber möchte ich mit Ihnen sprechen.

Sie sind 35 Jahre, stammen aus der Gegend um Kiel und arbeiten als Wirtschaftsjurist in einem süddeutschen Konzern. Durch Ihre besondere gesundheitliche Situation gingen Sie in Neckargmünd bei Heidelberg zur Schule.

Richtig, ich leide an einer Tetraspastik, die durch Sauerstoffmangel meines Gehirns während der Geburt verursacht wurde. Dies kann man sich als eine teilweise Lähmung der Arme und Beine vorstellen. In meinem Falle gelang es durch mehrere Operationen im Kindes- und Jugendalter, dass ich gehen und autofahren kann.

Wie kamen Sie nach Süddeutschland?
Mit 13 Jahren, ich hatte schon mehrere OPs hinter mir, kam ich in die Orthopädische Universitätsklinik nach Heidelberg-Schlierbach. Dort wurden meine verkürzten Sehnen an den Beinen verlängert. So entschied ich mich schließlich, das Internat der Stephen-Hawking-Schule in Neckargmünd zu besuchen. Es gefällt mir hier so gut, dass ich im Ländle blieb.

Diese OP stelle ich mir schwierig vor.
Ja, ich war insgesamt 12 Wochen in der Klinik, sechs Wochen konnte ich mich nicht bewegen und lag eingegipst im Bett mit vier anderen Jungs. Oftmals verließ mich der Mut.

Wer war in dieser Zeit an Ihrer Seite?
Meine Mutter. Sie begleitete mich unentwegt, gab mir Liebe und Motivation, half mir mit höchstem Durchhaltevermögen während meines gesamten „Aufwachsens". Meine Eltern trennten sich als ich sechs war. Mein Vater kümmerte sich nicht besonders, er war mir nie eine Stütze. Mein acht Jahre älterer Bruder hatte sein eigenes Leben.

Ich stelle es mir schrecklich vor, als 13-Jähriger so lange im Krankenhaus zu sein.
Na, ich war ja zuvor schon oft im Krankenhaus. Innerhalb meines ersten Lebensjahres wurde ich an den Augen operiert. Der begnadete Professor in Kiel verhinderte, dass ich blind sein würde. Ich denke, meine Situation realisierte ich mit circa 6 Jahren voll, als ich wieder eine OP an den Beinen hatte.

Wie gingen Ihre Mitschüler mit Ihnen um?
Das Mobbing begann richtig zu Anfang der Pubertät. Ich erfuhr nie körperliche Gewalt, doch die schlimmen sexualisierten Verbalattacken setzten mir sehr zu. Ich war mental ziemlich instabil. Es ging mir schlecht. Als ich dann ins Internat nach Neckargmünd kam, wurde ich dort aus dieser Hölle aufgefangen.

Was geschah in Neckargmünd?
Diese Zeit war für mich sehr wichtig, eigentlich die beste Zeit. Nicht nur fühlte ich mich in der Wohngruppe an einem sicheren Ort. Ich lernte in dieser Zeit den Umgang mit den mannigfaltigen Charakteren meiner Mitbewohner und Mitschüler. Ich lernte Toleranz. Mein Selbstwert wurde immens gestärkt. Eine wichtige Person dort war der Betreuer Helmut. Zu ihm konnte ich jederzeit kommen, er half mir aus. Zu ihm konnte ich jederzeit kommen, er half mir aus Krisen, war mir gedanklicher Sparringspartner, er wurde eine Art Ersatzvater.

Mit welchem Satz würden Sie diese Zeit zusammenfassen?
Oh, na ich war traumatisiert, doch ich lernte: Egal wie Scheiße eine Situation ist, ich muss mich damit auseinandersetzen.

Danke sehr. Gehen wir in Ihre berufliche Situation. Als Teil der ICH-KULTUR° erstelle ich mit meinen Klienten einen sogenannten ICH-PITCH, in dem wir, gemäß dem Elevator Pitch, in 30 s ein Bild über uns geben. Wie schaut Ihrer aus?
Lebensmotto: Verbieg dich nicht für andere.
    Werte: Ehrlichkeit-Offenheit-Akzeptanz des Unveränderlichen.
    Vision: Selbstständig arbeiten und materielle Unabhängigkeit.
    Mission: Ich habe viel durchgemacht. Ich muss nicht für Liebe kämpfen und bin gesegnet mit mir zugeneigten Menschen.
    Verbindlichkeit: Ich verspreche, dass ich das auch zurückgebe.

Herzlichen Dank. Welches Verhalten von Vorgesetzten hat Sie positiv oder negativ beeindruckt?
Ein Chef akzeptierte mich so wie ich bin mit meiner ganzen Vorgeschichte. Oft kamen wir in nicht terminierten Vieraugengesprächen zusammen. Er zeigte echtes Interesse an meiner Person. Ich hatte mal einen Kontrollfreak als Chefin, die ihre Befindlichkeiten nicht bei sich lassen konnte, herumbrüllte und unbeliebt war. Na ja, sicher hatte sie viel Stress. Doch sie zeigte mir, wie ein Chef nicht sein sollte. Na ja, schlimmer geht's immer. Sie lehrte mich, mit Extremen bei Vorgesetzten umzugehen.

Und Ihr Team?

Wir sind momentan 26 Leute im Team. Lästereien gibt es immer. Ich sehe diese jedoch als Ausgleich für schwelende Aggressionen in den Menschen, das Ventil muss auf. Wer lästert zeigt mit dem Finger in Richtung Aufmerksamkeit. So merken wir, wo etwas nicht in Ordnung ist. Auch eine Art Teambuilding.

Haben Sie Ängste?

Nicht wirklich. Na ja, vor einem Jobverlust hat wohl jeder Angst. Ich gehe mit problematischen Situationen analytisch um und rationalisiere. Das schützt mich vor Ängsten. Als ich kürzlich den Autounfall hatte, dachte ich zuerst an das juristische Programm, nicht an meinen Körper.

Würden Sie sagen, dass Ihr Lebensweg Sie zum Entwickeln mentaler Resilienz veranlasste?

Definitiv! Und er tut es noch. Denn was mich nicht tötet, macht mich nur stärker. Mit der mentalen Resilienz ist es wie mit der Demokratie, man muss täglich um sie kämpfen, um sie zu erhalten.

Ein fröhlicher, meist lächelnder Götz Waidlein sitzt mir beim Interview im Café gegenüber. Sprachlich beflissen, reflektiert und mit viel Humor hat er viel zu sagen. Humor ist eine menschliche Ressource. Die Entwicklung seiner ICH-KULTUR® startete, wie bei allen Menschen, während seiner ersten Lebensjahre. Mit einem halben Jahr machte er die Erfahrung eines Eingriffs in seinen Körper, durch den ersten Schicksalseinfluss seines frischen Lebens während der Geburt mit der Nabelschur um den Hals. Er habe „sich beinahe selbst erdrosselt", der Sauerstoffmangel war so immens, dass ihm ein Gefäß im Gehirn platzte und dort die Stellen in Mitleidenschaft ziehen konnte, welche für die Motorik zuständig sind. Seine Mutter war unentwegt für ihn da. Selbst heute, wo er sich abnabelt, möchte sie ihn noch umsorgen. Gebettet in liebevolle Zuwendung, auch von seiner Freundin, ist er dankbar. Dennoch hat er, zu all den schwierigen Situationen, durch seine Behinderung schlimmste Erfahrungen durch Mobbing machen müssen. Sie haben ihn beinahe gebrochen. In dieser schlimmsten Zeit musste er sich einer großen OP unterziehen. Sie riss ihn weg von der Boshaftigkeit seiner Altersgenossen. Ein weiterer Schicksalseinfluss mit positiver Nebenwirkung. Es lohnt sich, beide Seiten der Medaille zu betrachten. Danach, im Internat, wurde er abermals durch einen wohlwollenden und durchgreifenden Betreuer in Sicherheit gebracht. Im sicheren Raum mit erquicklicher Verbindung zur Außenwelt konnte er sich entwickeln, seine

ICH-KULTUR® langsam ausbilden durch die sich entfaltendes Nachdenken und Überlegen wie er sein wollte. Auch im Studium musste er mehr als normale Hürden überwinden, es gelang. Die erste Arbeitsstelle in einer wenig altruistisch-orientierten Organisation. Neue Hürden, doch ein Vorgesetzter, der sich für Leadership interessierte. Ein Glücksfall. Götz Waidlein spricht in Hochachtung über seinen damals noch relativ jungen Chef. Ich lernte ihn ebenfalls vor Jahren kennen und hatte den Eindruck, dass dessen ICH-KULTUR® ein werteorientiertes Interesse am Mitarbeiter zeigte. Er repräsentierte seine Abteilung durch „humanes Verhalten". Sein Kommunikationsverhalten beeindruckte mich. Ich nahm ihn als feinen, zuhörenden Vorgesetzten wahr, der Interesse an anderen Sichtweisen zeigte. Er widersprach nicht nach jedem Satz, indem er es besser wusste. Er fragte sich, was Mitarbeiter brauchen, um gut zu arbeiten. Er überlegte, wie er die Potenziale seiner Mitarbeiter fördern konnte. Er führte mit seiner damaligen ICH-KULTUR® gegen all die fragwürdigen Annahmen, die Außenstehende von dem Unternehmen hatten. ICH-KULTUR® entwickelt sich, wie schon oft erwähnt, über unsere Lebenszeit und damit auch unsere mentale Widerstandskraft. Götz Waidlein hätte verzweifeln können wegen der vielen Operationen und dem boshaften Mobbing. Stattdessen machte er weiter, selbst zu Zeiten, wo er lieber aufgegeben hätte. Er erzählt, wie Menschen, allen voran seine kontinuierlichen Wegbegleiter, ihn motivierten und stützten. Im Berufsalltag gab ihm seine Führungskraft Zuversicht und Sicherheit beim Onboarding in der Firma. Es war die Führungskraft, nicht das Unternehmen schlechthin, als solches, die sich für ihn einsetzte und ihn förderte. Die Organisation sind die Menschen. Immer wieder er selbst war es, der jede Gelegenheit beim Schopfe packte und lernen wollte. Heute hilft ihm seine Persönlichkeit (Big Five) dabei als unstillbare Zielstrebigkeit, große Offenheit, leichte Zugänglichkeit, niedrige Reizbarkeit und relative Extraversion. Dies war einmal anders, als er vor Jahren viel Stress im Job hatte. Auch damals gab es Menschen neben seinem Chef, die ihn unterstützten. So erzielte er abermals Einsichten. Was lernen wir daraus? Menschen brauchen Menschen. Menschen mit Umsicht. Führungskräften kommt hier eine zentrale Bedeutung zu. Nein, sie sind keine Therapeuten, doch sie haben Verantwortung für ihre Unterstellten in deren Rolle als „unterstellte Mitarbeiter". Götz Waidleins Chef lebte die innere Haltung „Menschen sind das wichtigste Kapital in der Organisation". Stichwort „agile Führung für mehr Leistung", ein Slogan heutiger Zeit. Agile Führung rechnet in außerordentlichem Maße mit dem Menschen, verlangt hohe persönliche Flexibilität, Identifikation und Verantwortung. In unserer VUCA-Welt braucht es so etwas wie agile Führung, die sich interessiert für die Meinung und die

Verbesserungsvorschläge aus dem Team. Gleichzeitig braucht sie Führungskräfte mit Talent und die dazugehörige Führungsintelligenz für agile Führung und Mitarbeiter (Gardner 2011), die diese vertragen können. Ironischerweise scheint dennoch der, von Menschen gemachte, Takt der Zeit, wie weiter oben besprochen, den Menschen und dessen internen Takt auszuklammern. Das stellt ein ernstes Problem dar und fordert eine gute Kenntnis der ICH-KULTUR® der jeweiligen Führungskraft. Menschen ticken nicht wie Technologie. Götz Waidleins Geschichte sollte dies verdeutlichen. Kennen Sie Ihre Mitarbeiter gut, lieber Leser? Wissen Sie, welche gesundheitlichen oder privaten Themen diese jeden Tag in das Unternehmen hineinbringen und sich dabei mehr oder weniger anstrengen, diese zu verstecken? Götz Waidlein geht sehr offen, locker und mit großer Selbstverständlichkeit mit seiner Behinderung um. Ich bin sicher, er wird weiterhin mutig, fröhlich und erfolgreich sein Leben meistern.

8.1.4 Zum Schluss

Die kleine Übung oben zeigt uns, zu fragen: „Wie kommt es, dass dieser Mensch mein Herz berührt?"

Götz Waidlein hat mein Herz nicht in erster Linie berührt, weil er eine Behinderung hat. Nein, es war seine fröhliche Art, Dinge als ganz selbstverständlich zu benennen und mich mit seiner unprätentiösen Reflexion in seinem jungen Alter zu beeindrucken. Manuela Proske hat mein Herz vor vielen Jahren berührt, als sie klar und deutlich und völlig selbstsicher über ihre Werte sprach. Nach dem erst kürzlich erlebten Schicksalsschlag erscheint sie mental sicherer denn je. Dies hat mein Herz berührt. Beide versprühen angstfreie Lebensfreude ohne Naivität. Sie stehen fest in sich selbst. Ich selbst kenne dies auch. Mehrere Schicksalsschläge gaben mir hin und wieder das Gefühl, als kleines Boot auf dem wellenmächtigen Ozean hin und her geworfen zu werden, Land in Sicht. Meine Lebenslust erstarrte nie, denn mein Notanker kam aus mir selbst. Dabei gab es Impulse durch zugewandte Menschen, die sich nicht bewusst waren, wie sehr sie zu meiner emotionalen „Rettung" beitrugen. Dafür darf man dankbar sein.

Lebensfreude geht nicht ohne Humor. Eine Art humorvolle Gelassenheit umgibt Götz Waidlein. Auch diese hat mein Herz berührt; es hat etwas Spitzbübisches. In unseren technischen Zeiten, gleich der vergangenen industriellen Revolution Anfang des 20. Jahrhunderts, scheint sich der Humor auf die Medien zu beschränken. Ich freue mich, wenn ich Menschen kennenlerne, die sich öffentlich und offenherzig freuen können, interessante lustige Bemerkungen abgeben oder einen klugen Witz erzählen. Echt humorige Menschen sind selten. Dabei meine ich nicht Postings doofer Witze oder versteckte, heute offene, Kameraaufnahmen in sozialen Medien von Menschen, die in üblen Situationen stecken und Zuschauer zum Auslachen animieren. Mich beeindrucken vielmehr Menschen, die fest im Leben stehen und genau deshalb witzig sein können. Humoristischen Reiz bringen Menschen für mich, wenn sie die Dinge locker und gelassen mit kritischer statt mit ironischer Brille betrachten; Verstehen mit einem Augenzwinkern zeigt fröhliche Lebendigkeit. Ironie hat für mich immer einen traurigen, beinahe schwermütigen Beigeschmack, eine Art krustige Reue und Bedauern, dass die Dinge nicht so sind wie sie sein sollten. Lachen zeigt Lust. Lust kann man ohne Lockerheit kaum wahrlich empfinden. Fröhlichkeit im Unternehmen beschränkt sich nach meiner Erfahrung in Deutschland immer noch auf organisierte After-Work-Partys. Ich appelliere daher an alle Führungskräfte „Seien Sie sich Ihres Einflusses mit ICH-KULTUR® bewusst!" Sie müssen nicht peitschen oder drücken, Sie müssen auch nicht Retter spielen. Menschlichkeit manifestiert sich als echtes Interesse am einzelnen Mitarbeiter. So kann sich motivierende Zuversicht statt blockierender Angst entwickeln. Die Organisation wird es Ihnen danken, denn eine niedrige Fluktuation, gute Stimmung und wenige Fehler sind die Grundpfeiler für erfolgreiche Unternehmen. Prosperität mit verantwortungsvollen Produkten gelingt besser mit identifizierten und loyalen Mitarbeitern.

Literatur

Bitkom (2016) Neue Arbeit – wie die Digitalisierung unsere Jobs verändert. http://www.elearning-journal.de/index.php?id=2098. Zugegriffen: 12. Okt. 2018

Gardner H (2011) The unschooled mind: how children think and how schools should teach. Basic Booky by Perseus Book Group, Philadelphia

Specht J (2011) Stability and change of personality across the life course: the impact of age and major life events on mean-level and rank-order stability of the Big Five. J Pers Soc Psychol 101:862–882

9

Gert Simon und Mine erkennen ihre ICH-KULTUR®

Gert Simon und Mine entwickeln unabhängig voneinander Erkenntnisse und daraus folgende Verhaltensweisen, die sich, wie in den vorangegangen Kapiteln beschrieben, auf ihre Gehirnstruktur auswirken. Gleichzeitig verändern sich ihre persönlichen sozialen Beziehungen, die Beziehungen zu Freunden und Kollegen. Mit deren sich veränderndem Verhalten verändern auch Gert Simon und Mine ihre Denkweisen.

9.1 Mine und das Unbekannte

Viele Wochen sind vergangen, es ist Spätsommer. Mine steht vor ihrem Spiegel und betrachtet ihre Silhouette in seidigem Olivgrün. „Ich habe mich gefangen". Sie dreht sich zur Seite. „Immerhin, ein bisschen", fröhlich reißt sie ihre Kulleraugen auf und betrachtet sich von oben bis unten und zurück im Spiegel. Sie tritt einen Schritt zurück. „Bravo!" Dann klatscht sie in beide Hände, dreht sich um, betrachtet sich von hinten. Na ja, ein paar Pfunde weniger täten gut. „Weiter so!", sagt sie zu sich mit einem knitzen Lächeln. Damit steigt sie in ihre cremefarbenen Pumps, wirft ihre türkisfarbene seidige Designerjacke über und schnappt die dunkelblaue Laptoptasche. Ein Businessmeeting.

„Wie schön, diese Roboter finde ich schon immer interessant. Welche Vorschläge haben sie für unsere Produkte der Medizintechnik?" Mine sprüht vor Interesse und leidenschaftlicher Neugier an der vielversprechenden neuen Technik. „Wissen sie, meine Mitarbeiter machen zu viele Fehler, ich

© Springer Fachmedien Wiesbaden GmbH, ein Teil von Springer Nature 2019
J. Malzacher, *Mut in der Arbeitswelt durch ICH-KULTUR*,
https://doi.org/10.1007/978-3-658-24809-3_9

bin sicher, Roboter sind präziser!" Nach zwei Stunden verlässt Mine ihr Büro. Sie ist unsicher. Eine Entscheidung über die Angebote des Roboteranbieters muss warten.

Ihre Gedanken sind bei dem nächsten Meeting mit dem interessanten Herrn, der sie immer wieder angerufen hatte. Dort wird sie Klarheit erringen müssen über diese Robotertechnologie. Sie steigt ins Auto, dreht den Rückspiegel zu sich. Passen ihre Haare? Nicht zu viel Lippenstift. Sie legt den Gang ihres Sportwagens ein, fährt los und stoppt. Aussteigen, Schuhe ausziehen. Mit Absätzen fährt es sich nicht bequem. Ihre Pumps landen im Fußraum des Beifahrersitzes. Los geht's. Nach zwei Kilometern hält sie in einer Parkbucht der Landstraße an. Flink biegt sie abermals den Rückspiegel, sodass sie sich besser sehen kann. „Alles in Ordnung". Sie fährt weiter und parkt schließlich beim Gasthof zum Engel. Ein Schild sagt „Nix aus de Bix". Gespannt betritt Mine das pfälzische Restaurant.

Zwei Stunden später geht sie leichtfüßig auf ihren Sportwagen zu. „Ein gutes Meeting, alles in Ordnung!" denkt sie. „Diese Robotertechnologie ist spannend, dieser interessante Herr ist es auch. Sie startet ihr Cabrio, schaut in den Rückspiegel und wartet während das Nachbarauto ausparkt. Plötzlich steht ihr Gesprächspartner von eben neben ihrer Fahrertür. Überrascht lässt sie das Fenster herunter."

„Darf ich Sie zu einem Spaziergang einladen?"

„Uii", sagt Mine erschrocken. „Das geht leider nicht, ich muss mich beeilen, die nächste Verabredung wartet, aber danke."

„Wir hatten ja ein nächstes Meeting vereinbart, danach vielleicht?"

„Oh, ich bin mir da nicht sicher, mein Kalender ist randvoll. Wir sprechen nächste Woche bei der Vorstellung Ihrer Produkte in meiner Firma."

Freundlich lächelnd lässt sie schnell das Fenster hoch. Ein tiefer Atemzug und noch einer.

„Huch!", Mines Herz klopft.

Mit solchen Situationen kann sie nicht umgehen. Doch irgendetwas hat sie berührt. „Nichts wie weg!", befiehlt sie sich und legt den Rückwärtsgang ein. Flüchten kann sie schon immer gut, wenn das Stoppschild vor ihrem geistigen Auge aufpoppt. „Was ist los, Mine? Warum bist du eigentlich nervös?", murmelt sie vor sich hin. Dann fährt sie zum Autobahnzubringer, dreht das Radio laut und konzentriert sich auf den dichten Verkehr.

„Roboter sind verlässlich, kosteneffizient und präzise". Der interessante Herr, aus dem Pfälzer Restaurant zeigt auf die Charts an der Wand ihres Konferenzzimmers. „Die eingesparten Manpower-Kosten für zwei Mitarbeiter amortisieren sich in 3 Jahren, Sie haben keinen Ausschuss und eine effiziente Auslastung der Produktionszeiten, denn Sie bestimmen, wann das Gerät arbeitet, je nach Bestellvolumen".

Mine kann sich nicht gut konzentrieren. Die Präsentation zeigt zu viele Details, der Präsentierende ist zu charmant, ihm fehlt das gewohnte Businessverhalten. „Ich werde doch nicht auf einen schleimigen Verkäufer hereinfallen!", denkt sie. „Ist er das?" Ihre Gedanken wandern. Plötzlich merkt sie, dass alle Anwesenden auf ihre Antwort zu einer Frage warten. „Oh, Entschuldigung, ich konnte nicht folgen". Hat sie, unsicher und abgelenkt, wesentliche Informationen verpasst?

„Machen wir eine Pause", bestimmt sie und verschwindet eilig aus dem Konferenzzimmer. Bevor die Tür zufällt fügt sie hinzu: „Bedienen Sie sich mit Getränken!" Alle hinter sich lassend huscht sie in ihr Büro und schließt die Tür. Ihr Herz klopft. Sie atmet tief durch. „Was ist nur los mit mir, ich habe mich nicht im Griff!"

„Gefühl benennen!", befiehlt sie sich. Ihre bewährte Atemübung hilft ihr, sich innerlich zu beruhigen. „Angst. Wovor fürchte ich mich?", sie reißt die Augen auf, „doch nicht vor einem Verkäufer!". Mit einem eigentümlich zitternden Seufzer setzt sie sich auf den Besucherstuhl vor ihrem Schreibtisch und starrt sekundenlang vor sich hin.

„Schmarrn, Mine, das geht gar nicht! Wo bleibt deine Professionalität?!", energisch schüttelt sie den Kopf. Ihre Handflächen klatschen entschlossen auf das Holz des Schreibtisches. „Reiß dich zusammen!" Am Türgriff noch einmal tief durchgeatmet.

Als die Präsentation zu Ende, ist dankt sie den Teilnehmern und dem interessanten Herrn. Sie begleitet ihn zur Tür. Als sie ihm die Hand gibt, hofft sie, dass er den neulich vorgeschlagenen Spaziergang nicht erwähnt. Mit gespielter Selbstsicherheit verabschiedet sie sich freundlich. Zurück in ihrem Büro greift sie sich ihr Sitzkissen und freut sich auf die Beruhigung am Fluss. Da klingelt ihr Telefon. Der interessante Herr möchte sie zum Essen einladen. „Das geht nicht!", sagt sie erschrocken und bestimmt. „Auf keinen Fall! Auf Wiederhören", ärgerlich legt sie auf. „Welche impertinenten Verkaufsmethoden! Was möchte dieser Mensch von mir?" Sie wirft ihr Sitzkissen in die Ecke und setzt sich auf ihren Schreibtischstuhl. „Negative Nelly!", schimpft sich Mine. „Du hast Stress! Was ist los? Du wirst dich von so einem Kerl doch nicht stressen lassen! Jetzt wird gearbeitet, heute Abend wird nachgedacht."

9.1.1 Mine und die Einsicht

Später, auf dem Nachhauseweg ändert Mine ihre gewohnte Route. Ein Spaziergang im Wald. Auf dem feinen Schotterpfad geht es sich leicht ohne Schuhe. Ihr Blick geht hinauf in die mächtigen Baumkronen. Da bleibt sie stehen, lauscht den Waldgeräuschen, schaut sich um. Keine Menschenseele, wie wohltuend. Ihre Gedanken hüpfen in viele Richtungen. Minutenlang lässt sie sich innerlich treiben. Ein Specht klopft eindringlich. Die schützende Blätterwand verdeckt den Blick auf ihn. Dennoch schaut sie weit nach oben in das bunte Grün. Da erinnert sie sich an ihren Coach. Dieser würde nun fragen: „Was möchte Ihnen der Specht sagen?" Mine setzt sich auf einen am Wegrand liegenden bemoosten Baumstamm und überlegt. „Wach auf!", möchte er sagen, „folge deiner inneren Stimme!", murmelt sie vor sich hin. „Was sagt mir meine innere Stimme? Was brauche ich jetzt? Ja, das darf ich mich fragen, oder?" Der Coach würde sagen: „Das müssen Sie sich fragen, wenn Ihr Leben sinnerfüllt und freudvoll sein soll." Mines Kopf neigt sich. Andächtig schaut sie auf die kleinen weißen Sternblüten am Wegrand. Winzig und doch so optimistisch schauen sie ins Endlose, behütet von den mächtigen Bäumen. Ein feierliches Gefühl überkommt sie. Die Erkenntnis ihrer eigenen Winzigkeit im Großen und Ganzen dieser Welt klärte durch so manche jüngst vergangene Augenblicke oft ihren Blick auf das Wesentliche. Sie schaut herum. Ihr Blick fällt auf einen aufgeschossenen Ahornspross. Der Ahornbaum, ein Symbol für Ganzheit, Freiheit und Willensstärke, kommt es ihr in den Sinn. Freiheit. Durch die Trennung hatte sie sich befreit. Innerlich eingegrenzt fühlte sie sich in ihrer Ehe. Damals war es ihr nicht gelungen, sich zu entfalten. Berührt von ihren Gefühlen blinzeln ihre feuchten Augen in die Umgebung. „Sinnerfüllt?", sagt sie vor sich hin. Sie beginnt, sich ihrem Gefühl zu ergeben, eine Art Andacht schiebt alle Gedanken und Fragen in den Hintergrund. Ihre Stimmung umgibt sie wie ein weicher, warmer, liebevoller Schleier. Nun ist sie ganz in sich selbst. Ein tiefes Gefühl unendlicher Sicherheit überkommt sie. Tränen der Freude laufen über ihre Wangen. „Ja, mein Leben hat einen Sinn, ich bin in dieser Welt, das sollte so sein." Andächtig wandert ihr Blick hinauf in die mächtigen Baumkronen. „Welch' wunderbares Geschenk, diese Natur!" Ein glücklicher Seufzer, ein feierliches Gefühl. Mines Blick wandert hinein ins Gebüsch. Langsam steht sie auf, barfuß macht sie einen großen Schritt über den kleinen, feuchten Graben am Wegrand ins Gestrüpp, bleibt hängen an Brombeerdornen. Vorsichtig befreit sie die Dornen aus dem Olivgrün ihres Kleides. Ganz und gar umgeben möchte sie sein von dieser erhebenden Natur. Das Knistern des weichen Waldbodens, die mächtigen Stämme der Eichen und Buchen, die federige Leichtigkeit junger Kiefern, das beinah undurchlässige Dunkel halbwüchsiger Fichten. Hier und da aufgewühlte Blätterhaufen. „Wildschweine", denkt sie und lächelt. Tiefer hinein bahnt sie sich ihren Weg. Das Waldvogelgezwitscher erinnert sie an ihre Kindheit. Hin und wieder bleibt sie stehen und lauscht. Sie fühlt, wie ihr

Körper von innen nach außen zu strahlen beginnt. Ihre innere Andacht wechselt in forschende Umschau. Da lehnt sie sich an einen Baum, streicht über die Rinde, inhaliert den angenehmen, eigentümlich modrigen Waldgeruch. Ihre Andacht wechselt in Erhebung. Ihr Herz hüpft – Leichtigkeit. Ihre ausgestreckten Arme bewegen sich nach oben. Weit hinter den mächtigen Kronen lugt ein Stück des hellblauen Himmels hervor. „Dort geht es weiter", sagt sie vor sich hin und noch einmal. „Es geht weiter – ins Unendliche. Immer geht es weiter." Ganz und gar bei sich fühlt sie wieder diesen feinen Schleier, dieses angenehme Wohlgefühl des verlässlichen Behütetseins und unendlicher Sicherheit.

„Behalte dir dieses Gefühl", sagt sie zu sich.

Dieses Gefühl will sie „konservieren". So hatte ihr Coach das Erinnern an gute Gefühle mal genannt. Dieses Immer-wieder-Abrufen und Erinnertwerden an das Wesentliche in unserem Inneren, hatte er damals erklärt. Mine fühlt sich jetzt leicht und glücklich. Mit einem solchen Gefühl wird sie innerlich nichts verunsichern können. Mit einem solchen Gefühl gibt es keine Angst vor anderen Menschen. Dieses Gefühl gibt Mut, denkt sie. Mut gegenüber Widrigkeiten festzustehen, Mut zum Nachfragen, Mut zur Konfliktlösung. In diesem Augenblick fühlt sie sich stark. Sie findet, dass sie ihrem Inneren trauen kann, sie mag ihr Inneres. Da kommt ihr das Bild des interessanten Herrn. Warum machte ihr das Verhalten dieses Menschen ein undefinierbares Gefühl? „Nein", sagt sie sich, „jetzt wird nicht gedacht".

„Genieße deinen Spaziergang!", befiehlt sie sich. Manchmal kann sie sehr hart sein, geht es ihr durch den Kopf. Während sie sich ihren Weg durch den Wald bahnt, denkt sie an ihre Wirkung. Ist sie zu „bossy", zu sorgend, zu dirigierend? Wer ist sie eigentlich? Wie wird sie gesehen? Ihr Mann sah sie als Ausführende seiner Vorstellungen. Die Dienende war sie damals. Ist sie die Dienende in ihrem eigenen Unternehmen? Fühlen sich die Mitarbeiter nicht verantwortlich, weil sie immer alles „mundgerecht" vorgegeben hat und diese nur schlucken mussten? Hat sie ihnen nicht genügend Freiraum für eigene Verbesserungsvorschläge gegeben? Ein unangenehmes Gefühl steigt in ihr hoch. Welche Art Führungskraft ist sie eigentlich? Sie hat keine Antwort. Mit ihrem Coach wird sie dies demnächst besprechen. Wieder bleibt sie stehen und schaut herum. Dieser Wald hat etwas Inspirierendes. Immer wieder entdeckt sie die kleinen, weißen Sternblümchen. Hübsch sind sie, sie wird sie googeln.

In ihrem Inneren ist sie gar nicht hart, findet sie. Eher verletzlich und sanft. Nach außen musste sie schon als Kind eine harte Schale aufbauen. Damals als ihr acht Jahre älterer Bruder den Drogen verfallen war, in den Entzug ging und sie der einzige Lichtblick für ihre verzweifelten Eltern war.

Sie waren hilflos. Ihr Vater, der mit dem Onkel die Firma führte, wurde mit fünfzig schwer herzkrank. Seine Gesundheitsprobleme ziehen sich durch ihre gesamten Kindheiterinnerungen. Mit zunehmender Bewusstheit des Aufwachsens fühlte sich Mine verantwortlich. Die Eltern litten sehr unter den Problemen des Bruders, der wegen seiner Rückschläge und Klinikaufenthalte seine Ausbildung nur mit großer Mühe abschloss. Sein Aufrappeln erschien ihr damals wie eine Ewigkeit. Nie hatte sie daran gedacht, dass er unter seinen Problemen leiden könnte. Von allen Seiten bekam er Vorwürfe. Statt Mitgefühl wurde er mit Schuldzuweisungen überhäuft. Für ihre Eltern muss der Sohn eine riesige Belastung gewesen sein. Die Eltern versteckten die Probleme des Sohnes in der Öffentlichkeit. Auch für sie stand gesellschaftliches Ansehen und Anerkennung für Leistung im Vordergrund. Damals war sie sehr jung. Als Kind und Jugendliche überblickte sie nicht alles. Später lag ihr Fokus auf der Verantwortung für das Familienunternehmen. Um dort zu bestehen, hatte sie sich Vermeidungsmuster angewöhnt. Nicht sehen – nicht beschäftigen – nicht nachdenken. Die Verantwortung für ihren Bruder überließ sie ihren Eltern und seinen Betreuern. Selten hat sie heute Kontakt zu ihm. Ihr Mann konnte einen Drogenabhängigen als Familienmitglied ohnehin nicht akzeptieren. So sprach sie mit ihm kaum über ihren Bruder. Ihr Mann und dessen Ansehen wollte sie schützen. Jetzt brummt ihr Kopf. Noch nie hatte sie so viel über ihr Leben und ihren Bruder nachgedacht. Ihre Geburtstagskarten an ihn hatte sie nie mit wirklichem Mitgefühl geschrieben, eher aus Pflicht. Zu ihr kam er nie zu Besuch. Selten ging sie zu ihm. Nachdem die Eltern gestorben waren dachte sie nicht daran, ihn zu Weihnachten einzuladen. Eine Gewohnheit. Noch nie tat ihr ihr Bruder so leid, wie in diesem Moment. Hatte sie eine Unterlassungssünde begangen? War ihr nicht die ganze Zeit die Firma das Wichtigste? Und das Ansehen ihres Mannes? Und sie? Was war mit ihr selbst?

Mit einem schweren Seufzer setzt sich Mine mitten im Sommerwald auf einen Baumstumpf. „Hell!", ruft sie aus, „Himmel, was habe ich gemacht?" Sie schaut hinauf zu den stillen Baumkronen. Ihre Gedanken rasen durcheinander. Jetzt wird ihr schwindelig. Schuld und Angst steigen in ihr auf. Sie schaut sich um. „Wo bin ich?" Schnell steht sie auf und schaut sich um. Kein Schild, kein Pfad, nur Wald und Waldboden. „In welcher Richtung steht mein Auto?" Panik durchzieht ihren Körper. Ihre Gefühle sind so stark, dass sie nicht denken kann. Sie schließt die Augen. „Zusammenreißen, Flucht geht hier nicht. Hirn einsetzen." Dann setzt sie sich wieder. „Mine, sag stopp", befiehlt sie sich. Sie atmet tief durch, dann beginnt sie ihre Übung. Beim Einatmen auf vier zählen und beim Ausatmen auf sechs zählen. Dreimal soll man das machen, hatte ihr Coach gesagt. Aufmerksam folgt sie dieser Empfehlung. Es geht ihr besser.

Der nächste Befehl. „Jetzt überlegen!" Mine steht auf, fummelt ihr Handy aus der Tasche. Kein Empfang. Dann schaut sie in den Himmel. Wo ist die Sonne? Ihr Auto, das weiß sie, steht im Westen. Gut, das passt. Wo ist Westen? Die Bäume sind auf ihrer westlichen Seite bemoost. Jetzt stapft sie los, so schnell sie kann. Ihr Atem stockt. In einer Lichtung bleibt sie mit einem lauten Seufzer stehen. „Ruhe bewahren", sagt sie sich. Minutenlang hält sie inne. Langsam stellt es sich wieder ein, dieses Gefühl der Sicherheit. Und da ist noch etwas. Dankbarkeit. Dieser Waldspaziergang war wichtig. Wieder schaut sie hinauf. Das unendliche tiefe Blau. Das Gefühl der inneren Wärme kommt zurück. „So ist die Wirklichkeit, ich muss akzeptieren, wie es ist." Die Angst verschwindet, das Schuldgefühl weicht einem kleinen Gefühl, die Dinge zurechtrücken zu wollen. Sie nimmt sich vor, ihren Bruder anzurufen sobald sie zu Hause ist. Plötzlich ist es ihr wichtig, zu wissen wie es ihm geht.

„Ich brauchte Zeit zum Überlegen." Mine drückt den Hörer stärker an ihr Ohr. Sie spürt die Unsicherheit in ihrer Stimme.

„Können wir uns in den nächsten Tagen treffen?", fragt der interessante Herr.

„Ich möchte Ihnen ein Angebot machen."

„Na gut. Wissen Sie, es gab so Vieles, mit dem ich mich beschäftigte, manchmal darf das Business in den Hintergrund, nicht?" Während Mine dies sagt, fragt sie sich, warum ein Fremder so eine Aussage von ihr hören sollte.

„Recht haben Sie".

„Ja." Mine nervt ihre kleinlaute Entgegnung. Nichts Geschäftliches schwingt hier mit, eher Persönliches. Dabei möchte Sie geschäftlich unpersönlich auftreten. „Gut, was ist Ihr Angebot, schicken Sie es mir per E-Mail, dann kann ich es mir in Ruhe anschauen."

„Mein Angebot ist etwas Besonderes, das muss erklärt werden. Wenn Sie es samt seiner Erklärung möchten, sollten wir das Face-to-Face tun. Dafür brauchen wir jedoch Zeit."

Mine strauchelt. Diese Art der Kommunikation kennt sie nicht. Sie kennt nur direkt und eher gefühllos. Das Gütige in der Stimme des interessanten Herrn ist ihr suspekt.

„Na gut, dann warten Sie auf eine E-Mail von mir, mein Kalender ist ziemlich voll. Ich melde mich mit einem Vorschlag."

Geheimnisvoll ist dieser Mensch. Untypisch. Im Business geht für sie geheimnisvoll nicht. Dennoch spürt sie Neugier und ein neues längst vergessenes Gefühl einer freudigen Spannung. Sie spürt, wie sich ihre

Mundwinkel zu einem Lächeln verziehen. Da erinnert sie sich an ihr Roboterprojekt. Schon bald möchte sie investieren, um Ressourcen zu sparen. Diese Fehler durch menschliches Versagen müssen unbedingt vermieden werden.

9.1.2 Mine im Dilemma

Mine steht am Fenster ihres Konferenzzimmers. Die Platanen im Vorgarten wiegen sich in der Brise. Die lange Trockenheit hat ihnen zugesetzt, ihre Blätter zeigen braune Stellen schon im frühen September. In ein paar Minuten wird der interessante Herr erscheinen. Getränke und Kekse stehen auf dem Sideboard bereit. Gespannt wie ein Flitzebogen ist sie auf das Angebot des interessanten Herrn. Dass er einen Spaziergang und eine Essenseinladung vorgeschlagen hatte, findet sie noch immer außergewöhnlich für eine geschäftliche Unterhaltung, vor allem ein Spaziergang. Das hatte sie beunruhigt, sogar verängstigt. So etwas tut sie höchstens mit ihrem Coach, den sie schon gut kennt oder mit Freunden. „Welche Freunde?", Mine hält inne. Wo sind all die Freunde von früher geblieben? Es ist still geworden in ihrem Privatleben. Viele interessieren sich nicht mehr für sie. Sie selbst hatte auch nur Interesse an den Mitarbeitern. Diese, das spürt sie schon lange, fühlen sich ihr nicht mehr so verpflichtet wie früher. Wer von den Mitarbeitern ist eigentlich ganz und gar verlässlich? Während sie ihren Gedanken nachhängt, biegt ein Auto in die Einfahrt. „Ah, da ist er", denkt Mine und nimmt Haltung an. „Jetzt nur schön professionell bleiben, Contenance!", befiehlt sie sich. Zwei Herren steigen aus. Mine blinzelt durch die Fensterscheibe neugierig hinüber zu den Silhouetten. „Na, da bin ich mal gespannt."

Am Abend. Mine kippt ein kleines Glas Pineau des Charentes hinunter und noch eins. Dann stellt sie das Glas ab und dreht den Schlüssel der Tür ihres Bürosideboards, legt ihn zurück ins Fach ihres Schreibtisches. Mit zitternden Händen wählt Mine die Nummer ihres Coachs. Ihr Herz klopft bis zum Hals. Während es klingelt, starrt sie regungslos durch ihr Bürofenster auf die Platanen.

„Man möchte meine Firma übernehmen." Schrill klingen ihre Worte ins Telefon. „Ich bin völlig fertig, eine Art feindliche Übernahme oder auch nicht. Ich muss mit Ihnen sprechen."

„Oh, das ist in der Tat eine Überraschung!"

„Und, die meinen es sehr ernst. Ich kann gar nicht denken."

„Das glaube ich Ihnen gerne. Wie kann ich Ihnen helfen?"

„Das alles ist erst heute passiert, ich brauche einen besonnenen Gesprächspartner, der mir hilft, meine Gedanken zu ordnen. Es geht jetzt auch um meine Zukunft. Ich brauche eine Strategie."

„Das ist klar. Gerne. Wir sprechen in Ruhe und Besonnenheit."

„Danke, ich habe keine Worte!"

„Das ist verständlich bei einer solchen Überraschung."

Möchten Sie eine kleine Übung zur Beruhigung?"

„Ja, vielleicht."

„Probieren Sie einen flotten Spaziergang, nicht am Fluss, eher hinauf in den Wald zu den Esskastanien. Die ersten sind schon gefallen, früh in diesem Jahr. Sammeln Sie fünf in ihrer Hülle und bringen Sie diese zur nächsten Sitzung mit."

„Aha." Auch wenn für Mine die Vorschläge ihres Coaches manchmal ungewohnt sind, haben sie ihr bisher doch immer geholfen.

„Möchten Sie das tun?"

„Ja, ok. Ich gehe jetzt gleich los. Bewegung wird mir guttun."

„Morgen rufen Sie mich an und wir besprechen, wie wir weiter verfahren."

„OK, ja." Mine fühlt sich klein und unsicher.

„Rufen Sie mich bitte morgen an und sagen Sie mir, ob Sie gut schlafen konnten und wie es Ihnen geht. Dann machen wir einen Termin."

„Danke, das werde ich".

„Ich habe die Kastanien gesammelt, es war ein guter Spaziergang, ich konnte mich einigermaßen beruhigen. Auch hat mich die Suche abgelenkt."

„Ich gratuliere Ihnen! Das freut mich außerordentlich."

„Danke, und was machen wir jetzt? Ich bin trotzdem noch immer verwirrt."

„Wann könnten Sie heute am Spätnachmittag bei mir sein?"

„Um 18.00 Uhr, ist das zu spät?"

„Nein, das machen wir möglich."

„Danke sehr."

Termin beim Coach.

„Zungenbrecher? Sie verlangen ja Verrücktes!" Mine schaut den Coach verwundert an.

„Na, für den Fall der Fälle für die direkte Entstressung und Klärung des Gedankengewirrs, besser als Meditation für Sie, nicht? Sie haben mir erzählt, dass Sie noch keinen Zugang zu ruhigen Formen des Zu-sich-Kommens gefunden haben. Daher der Zungenbrecher, denn Sie sind eine agile Person, die zur Stressbewältigung zunächst Bewegung braucht."

„Kann sein."

„Gut, dann los. Schauen Sie auf die Liste. Dann sprechen Sie ihren gewählten Zungenbrecher laut vor sich hin. Bei einem flotten Spaziergang tun sie dies bis sie ihn perfekt sagen können. Seien Sie gut mit sich und haben Sie Spaß."

„Ah, ich werde es versuchen."

„Ärger und Angstenergie kann man am besten umlenken, indem man sich bewegt. Danach setzen Sie sich hin und schreiben alle Fragen auf, die Ihnen jetzt eben einfallen. Egal, ob emotional oder rational, ob strategisch ausgerichtet oder ganz und gar persönlich, alle Fragen, die in Ihrem Kopfe herumschwirren. Dann lassen sie das Blatt liegen und machen noch etwas anderes Schönes. In den folgenden zwei Tagen ordnen sie die Fragen auf dem Blatt und neu dazugekommene in zwei Spalten ICH und FIRMA. Möchten Sie dies tun?"

„Okay, ich werde es versuchen."

„Haben Sie die Esskastanien mitgebracht?"

„Nein, die liegen auf meinem Esstisch". Mine schaut auf den Teppich mit den feinen Mustern.

Der Coach lehnt sich nach vorne und schaut sie eindringlich an.

„Ich möchte Sie noch einmal fragen, Wie wichtig sind Sie sich eigentlich selbst?"

Mine hebt den Kopf und beißt sich auf die Lippen. Beinah hätte sie „Ich weiß nicht", gesagt. Sie schaut hinüber zu ihrem Coach.

„Wichtig?"

Können Sie dieses Wort wiederholen mit Kraft und Überzeugung?

„Wichtig."

Tut mir leid, Sie überzeugen mich nicht. Der Coach lehnt sich zurück und verschränkt die Arme vor der Brust. Er schaut Mine herausfordernd an.

„Lassen Sie mich anders fragen. Wenn heute für Sie der letzte Tag in Ihrer Firma wäre, welches Gefühl würde dies in Ihnen hervorbringen?"

„Wie?", Mine reißt ihre Kulleraugen auf und rutscht auf die Kante des Stuhls. Ein lauter Seufzer. Stille.

„Erleichterung", dann lässt sie sich in den Stuhl zurückfallen. Ein Stich in der Magengegend. Ihre Überraschung über diese Aussage treibt ihr die Röte ins Gesicht.

Sekundenlang sitzen sich beide schweigend gegenüber.

„Hm. Möchten Sie kurz ans Fenster gehen und frische Luft schnappen?"

Mine steht auf. Ihr Körper vibriert, ihre Knie beginnen zu zittern.

Nach einer Stunde verabschieden sich beide mit einem festen Händedruck.

„Sie machen Ihre Hausaufgaben, in Ordnung? In einer Woche sehen wir uns wieder. Alles Gute."

9.1.3 Mines ICH-Pitch

Die Hausaufgaben. Mine setzt sich an ihren Schreibtisch und zeichnet sich das System des ICH-Pitchs auf ein großes Blatt. Lebensmotto, Mission, Vision, Werte, Verbindlichkeit. Dies alles soll der ICH-Pitch repräsentieren. Lebensmotto: Erfolg krönt das Leben in Unabhängigkeit und Selbstständigkeit. Sie blickt auf und hinüber zu den Platanenzweigen vor ihrem Bürofenster. Dann lehnt sie sich zurück senkt den Kopf. „Nein, das stimmt nicht mehr. Das galt noch vor zwei Jahren. Heute ist manches anders." Fragend schaut sie in die Luft, ihre Augen blinzeln ins Leere. „Was stimmt nun, was stimmt heute?" Der Bleistift rollt auf das Blatt, sie steht auf und geht zum Fenster. Schon spürt sie einen bekannten Impuls. Wo ist ihr Sitzkissen? Zum Fluss gehen, um den Kopf auszulüften? Flucht vor den Gedanken? „Konzentriere dich!", befiehlt sie sich. Ihr Telefon klingelt. „Verdammt, schon wieder eine Störung!" Sie lässt es klingeln bis es von selbst aufhört. Ihr Blick verharrt auf den vergehenden Platanenblättern. „Herbst, es ist schon Herbst!" Sie spürt wie ihr Herz schneller klopft. Es wird ihr heiß. „Das Jahr geht zu Ende, was habe ich geschafft? Nichts! Das ist ja schrecklich, ich tappe auf der Stelle, nichts passt mehr." Ihre Gedanken beginnen durcheinander zu springen. Wieder klingelt das Telefon. Schnell dreht sie sich um, geht zum Schreibtisch. Die Nummer auf dem Display ist ihr unbekannt. Sie nimmt nicht ab. „So geht das nicht mit den Hausaufgaben", das Blatt landet zusammengeknüllt im Papierkorb. Sie schaut sich im Zimmer um. Schon lange gefällt ihr die Atmosphäre in ihrem Büro nicht mehr. „Ich müsste das ganze Büro neu einrichten, es ist zu kühl." Selbst die großen Pflanzen senden ein Signal der Unnahbarkeit. Mine bekommt Gänsehaut. Es ist 16 Uhr, schnell packt sie ihre Tasche und verlässt ihr Büro. Ein lauter Seufzer im Auto. Wohin nun? Nicht nach Hause, nicht in den Wald.

In der Stadt war sie schon lange nicht mehr. Das Menschengewimmel mag sie nicht, auch nicht die vielen Touristengruppen, die sich in ungeordnetem Strom und Gegenstrom durch die Fußgängerzone schieben. Sie bleibt an einem Schaufenster am Universitätsplatz stehen und blickt auf eine große wertvoll gestaltete Chinavase. Die Chinavase auf ihrem Esstisch ist eine der wenigen Dinge, die sie an ihre Ehe erinnert. Ihr Mann wartet noch immer auf ein Gespräch. Seit beinahe neun Monaten wohnt sie nun alleine. Dieses Kapitel ist noch immer nicht abgeschlossen, wie kann dann ein neues beginnen? In Gedanken geht sie weiter.

Von der Decke hängt ein riesiges Glaskreuz in die Mitte des Kirchenraumes der Jesuitenkirche. Es dreht sich im zarten Luftzug. Minutenlang schaut Mine auf die reizvollen Lichtspiele des Kreuzes und die sich spiegelnden

Umgebungsfarben. „Welch' unendliche Vielfalt", denkt sie. „Jede Wendung ein Wechsel von gold, gelb, türkis, smaragdgrün." Ebenmäßigkeit in Zeitlupe übergehend in Chaos und mit kaum merklicher Bewegung zurück in kurzen Gleichklang, um in einem ungeordneten Muster ohne jegliche Dauerhaftigkeit zu verrinnen. Aufrecht sitzend beobachtet sie gebannt das Farbenspiel. Ihr Inneres wird ruhiger. Besonders gefällt ihr, wenn sich der vertikale Teil des Kreuzes wie durch einen Pinselstrich grün füllt und die goldenen Verzierungen der Kapitelle kleine Spiralen auf dem Grün entstehen lassen. „Wie mein jetziger Zustand." Mine atmet schwer. „Doch die Farbigkeit ist wundervoll. Erfrischend, lebendig, ohne Regelmäßigkeit, initiiert durch die Ankunft eines jeden Luftzugs. Ja, genau, stetiger Wechsel, so ist das Leben." Mine lehnt sich lächelnd zurück. Eine Erkenntnis. Sie spürt ein sanftes inneres Strahlen, schaut umher. Diesen hellen, einfachen und doch so eleganten Kirchenraum liebt sie. Wohltuend diese Ruhe und draußen das Gewusel der Menschen. Wie gut, dass es solche Räume gibt. Zu sich kommen in der Umgebung von Schönheit. „Ein bisschen wie kürzlich im Wald", kommt es ihr. Ihr Rücken entspannt sich. Die Erhabenheit der Bäume war wie dieser Kirchenraum, hoch hinaus, weit, ausladend, den Gedanken Raum gebend und doch beschützend. Das Blau des Himmels, das sie damals durch das Blätterchaos entdeckte und nun in Gold, Türkis und Grün widergespiegelt durch das Glas des Kreuzes. Auch hier verspürt sie Hoffnung. „Zuversicht", flüstert sie. „Ja, es wird gut werden." Dankbar bleibt sie noch eine Weile sitzen. Auf dem Weg nach draußen nimmt sie ein Faltblatt über das Glaskreuzprojekt von Ludger Hinse mit.

Mine legt das Telefon in die Schale auf ihrem Couchtisch. Der Gesprächstermin mit ihrem Mann steht. Zärtlich streicht sie über die blauen Hortensien in der Chinavase, schenkt sich einen Tee ein. Sie trägt die Tasse hinüber zum Balkon, zieht den Vorhang zur Seite und blickt zufrieden in die Abendsonne. Nun möchte sie sich an ihre Hausaufgaben machen. Ihr *Lebensmotto* kann sie noch nicht benennen. Sie weiß nur, dass sie ein Leben mit Zuversicht und lieben Menschen haben möchte. „Das möchte doch jeder", sagt sie vor sich hin. „Das taugt mir nicht als Lebensmotto." Und ihre *Mission*? Die war bisher Arbeiten, damit ihre Firma weiter bestehen könne. Es war die Firma als Gebäude mit Produkten, nicht die Bedeutung der Produkte, nicht die Mitarbeiter und schon gar nicht sie selbst. Ihre *Vision* war das Weiterbestehen der Firma. Innovation gehörte dazu, doch die förderte sie aus ihrem Interesse an Innovation. Schon immer faszinierten sie neue Technologien. Die Firma, das erkennt sie jetzt, war eher Mittel zum Zweck, nicht als solche wichtig. Wenn sie sich morgens auf den Weg zur Firma machte, war ihr Antreiber, die Firma vor dem Untergang zu retten, indem sie möglichst fehlerfreie Produkte herstellten. Hin und wieder kamen neuen Produkte dazu, weil Kunden Modifikationen verlangten. Doch keiner, wenn nicht sie selbst, kümmerte sich um echte Neuerungen. Die Arbeit plätscherte so dahin, ohne ihr einen Kick zu verschaffen. Erst jetzt, unter dem Druck der Probleme, kümmerte sie sich um neue Produktionsmöglichkeiten, den Einsatz von Robotern. Am liebsten wollte sie alle störenden Mitarbeiter loswerden. „Oh, Mine, du hast dich in eine Sackgasse manövriert. Deine Sichtweise ist nicht angemessen. Du müsstest die Firma neu ausrichten." Mine verzieht ihr Gesicht als hätte sie starke Schmerzen; ohne zu atmen flüstert sie. „Was mache ich jetzt?", sie starrt hinaus ins Dunkel. „Da stimmt nichts mehr." Dann geht sie zurück zum Esstisch. „Wie anstrengend, dieser ICH-Pitch, kein Wunder, ich weiß ja gar nichts über mich selbst!" Sie fühlt Erschöpfung, lässt sich auf ihr Sofa fallen, schließt die Augen und atmet tief durch, „jetzt erst mal Pause", damit steht sie auf und gießt sich frischen Tee ein. „Morgen ganz früh suchst du deine *Werte* zusammen, damit muss man beginnen".

9.2 Einsicht – Umsicht – Weitsicht für Gert Simon

Mine nimmt das Telefon ab. „Gert, schön, wie geht es dir?" Sie steht auf und geht zum Fenster ihres Büros. „Ah…, hm…, uh …, ja… Gert, ich freue mich, dass es dir gut geht. Leider habe ich im Moment große Probleme in der Firma. Ja?… ach so, na dann, treffen wir uns im Park, übermorgen ist Freitag, 17 Uhr? Abgemacht. Tschüss."

Könnte ihr ein Treffen mit Gert Simon nun gut tun? Immerhin würde er sie von ihren Gedanken ablenken, der Park ebenso. Sie geht zurück zum Schreibtisch und schaut auf die Liste mit den ausgedruckten Zungenbrechern und dann das Blatt mit den zwei Spalten ICH und die FIRMA. Was brauche ich?, steht in einer Spalte. Schönheit, weniger Aufregung, Klarheit, Sicherheit sind die Antworten. „Menschen", fügt sie hinzu. Gert Simon ist ein Mensch. Sicherlich kein Mensch, der ihr helfen kann, doch ihre gemeinsamen Gespräche ließen bisher immer ein gutes Gefühl in ihr zurück. Obwohl es immer sie war, die ihn beruhigte oder ihm Zuversicht zusprach, nahm auch sie immer etwas mit aus diesen Gesprächen. Manchmal empfand sie gegenüber sich selbst mehr Wohlgefühl nach solchen Gesprächen. Zuweilen war sie erstaunt, wie einfühlsam und nett sie sein konnte. Hin und wieder ging sie aus den Treffen mit Gert Simon gestärkt und selbstsicherer hervor. War es die zeitweise desolate Situation von Gert

Simon, die ihr dieses Gefühl gab? War es der Mensch, der mit seiner unaufgeregten Art Ruhe ausstrahlte. Seine manchmal geradezu naiven Fragen berührten sie. Sie fühlte sich herausgefordert, Antworten zu finden. Zu keiner Zeit verbreitete er Aggression. Auf seine Art sonderbar war er, doch immer anständig. Das gefiel ihr; auch, dass er weiterkommen wollte. Er kam langsam voran, aber beständig.

Während sie an Gert Simon denkt, packt sie das Blatt mit den Zungenbrechern und faltet es so, dass sie nur einen lesen kann und geht runter zum Fluss. „Der dünne Diener trägt die dicke Dame durch den dicken Dreck. Da dankt ihm die dicke Dame, dass der dünne Diener die dicke Dame aus dem dicken Dreck getragen hat." Nach einer halben Stunde kommt sie zurück. Sie lacht, es geht ihr viel besser.

9.2.1 Zuversicht

Der Spätsommer zeigt sich in außergewöhnlicher Wärme. Mine und Gert Simon sitzen unter dem mächtigen Ahorndach auf ihrer Bank.

„Was wirst du machen?" Gert Simon beugt sich vor und schaut Mine direkt in die Augen.

„Huch, Gert, so hast du mich noch nie angeschaut!", ruft Mine erstaunt.

„Du hast mir auch noch nie einen solch niedergeschlagenen Eindruck gemacht!"

„Ja, genau – niedergeschlagen! Weißt du, ich kann mir nun vorstellen, wie du dich gefühlt haben musst, als dir damals so mir nichts dir nichts gekündigt wurde. Es fühlt sich an, als würde man mich aus der Firma schmeißen wollen".

„Haben die Herren das gesagt?"

„Nein, eigentlich nicht." Sie zieht ihre Sandaletten aus und streicht mit ihren nackten Füßen über die heruntergefallenen Ahornblätter.

„Na also, müsstest nicht du einen Plan entwerfen, wie eine solche Übernahme aussehen soll? Du hast doch Einfluss darauf als Chefin, oder?"

„Darüber habe ich noch nicht nachgedacht. Ich bin richtig kaputt wegen dieser neuen Situation. Demnächst werde ich mit ein paar Beratern reden. Ich brauche einen klaren Blick. Ehrlich gesagt, ich habe erst durch dieses Meeting mit den beiden Herren angefangen, mir über die Zukunft der Firma Gedanken zu machen."

„Echt jetzt, aber es ist doch deine Firma."

„Na, es ist ein Familienunternehmen, ja. Und ich leite es. Zumeist habe ich mich über die schlechter werdende Qualität geärgert und versucht, sie zu verbessern. Das nahm schon viel Raum ein."

„Na, vielleicht hast du nicht genügend Leute um dich, die dich mit dem Blick auf das Ganze unterstützen?"

„Das kann man wohl sagen!"

„Na, gut, könnte es sein, dass dieser interessante Herr sogar hilfreiche Vorschläge für die Zukunft machen wird?"

„Daran habe ich noch nicht gedacht. Ich kann in ihm nur den Wolf im Schafspelz sehen. Er war so charmant und dachte, ich falle auf diese Tour herein."

„Was gefällt dir nicht an diesem Typ?"

„Ich weiß es nicht genau. Er benimmt sich so anders als die meisten Geschäftsmänner. Er redet anders, nicht so klotzig. Er macht einen weichen, zugänglichen Eindruck, beinahe gefühlvoll, nicht so hart und abgestumpft oder kaltblütig wie manche meiner Businesspartner. Er scheint gelassen, ohne dieses Machtgehabe."

„Aber Mine, er gefällt dir doch!"

„Na, ein solches Verhalten ich bin nicht gewohnt. Es macht mich stutzig; verwirrt mich."

„Würde es dir besser gefallen, wenn er sich „klotzig" benähme?"

„Natürlich nicht. Doch, ich werde misstrauisch, wenn Leute sich ungewohnt verhalten. Daher habe ich auch nicht viel geredet, wollte nichts falsch machen."

„Du hast dich versteckt, nicht wirklich gezeigt, wer und wie du bist?

„Gert – was ist bloß passiert mit dir? Du sprichst wie mein Coach!"

„Wirklich?" Gert Simons Augen werden zu Schlitzen. „Na, ich stelle mir nur vor, dass du wie ein Opferlamm in dem Meeting agiert hast und nicht, wie ich dich kenne."

„Wie kennst du mich. Wie bin ich denn?" Mine beugt sich zurück und verschränkt die Arme vor der Brust und lacht: „Sag jetzt bloß nichts Falsches, Gert!"

„Na, ich sehe dich als eine agile, fröhliche Person, die genau weiß, was sie will. Stark und zielstrebig, vielleicht mit einer Art Überfokussierung auf deine Firma."

„Warum Überfokussierung?"

„Wir haben noch nie über dich gesprochen, immer über die Fehler in der Firma. Versteckst du dich, als Person meine ich, hinter anderen?"

„Hm, vielleicht."

„Für mich bist du jemand, der weiß was richtig und gut ist und die Kontrolle möchte, vielleicht auch die Macht über die Umgebung? Deine Aufgaben sind dir wichtig. Gleichzeitig interessiertest du dich immer wieder für mich. Das hat mir Halt gegeben."

„Oh Gert, das ist schön zu hören. Ja, ich denke, du schätzt mich richtig ein. Du kennst mich auf eine andere Art als die sonstigen Menschen in meiner Umgebung. So eine Einschätzung habe ich schon ewig nicht mehr erhalten."

„Ich würde sagen, das ist kein Wunder, du hast ja immer nur zwei Themen: die Firma und die schlechten Mitarbeiter. Was ist eigentlich gut an deiner Firma?"

„Frag mich was Leichteres. Ich habe eine Verantwortung für die Firma. Und nun will man mich rauskicken!"

„Und wenn schon."

„Gert, du bist ja nicht gescheit, was sagst du da!"

„Na, stell dir doch mal vor, du hättest die ganze Chose los. Was würdest du dann machen?"

„Ach du Schreck, Gert! So etwas darf ich gar nicht denken! Lass uns dieses Thema beenden. Das ist richtig ‚spooky'!"

„Warum benutzt du eigentlich immer diese englischen Wörter?"

„Tue ich das?"

„Manchmal sagst du halbe Sätze auf Englisch. Das erinnert mich an meine alte Firma."

„Echt? Na, das geschieht unbewusst. Ich rede oft Englisch mit Kunden, ja. Und, ich war mal mit einem Amerikaner verlobt. An ihn denke ich in letzter Zeit oft mit Sehnsucht. Vielleicht kommt das daher."

„Ah, hm."

„Gert ich muss jetzt gehen. Das war schön. Danke für dieses Gespräch."

„Noch eins, Mine. Darf ich dir irgendwann über mein Abschlusstreffen mit meiner verflossenen Partnerschaft erzählen?"

„Aber Gert, natürlich, du kannst mir vertrauen, so wie ich dir vertraue. Bis bald!" Mine steht auf, steckt ihre nackten Füße in die Sandaletten, streicht ihre bordeauxrote Bluse über der hellen Leinenhose zurecht. Ergriffen von der Unterhaltung nimmt sie seine Hand in beide Hände und schaut ihm intensiv in die Augen. „Danke, Gert". Dann huscht sie davon.

Gert Simon setzt sich zurück auf die Bank und schaut ihr nach. Als sie verschwunden ist, wandert sein Blick über den rauen Ahornstamm in die dunkle Baumkrone. Einige Blätter winken in der warmen, leichten Brise. Hier und da zeigen sich braune Stellen. Dahinter ein zartes Hellblau des warmen Spätsommerhimmels. Ein zufriedenes Lächeln während er sich nach hinten lehnt und sich seine Arme auf die Banklehne legen. Das Hellblau in seinem Leben. Dazu gehört auch Mine. Mine als liebevolle Gefährtin im Hintergrund, bedingungslos und verlässlich, ein Geschenk. Immer sympathischer ist sie ihm geworden, indem sie über ihre Probleme erzählte. Er versteht mehr.

Vieles ist nun besser in seinem Leben. Seine Wohnung ist ansehnlicher, getrennt hat er sich von Ballast, Überkommenes eliminiert. Er hatte sich der Veränderung gestellt, neue Menschen kennengelernt. Sogar seine Schachfreunde gehen jetzt öfter mit ihm aus. Mit Kamal schreibt er regelmäßig. Bücher über Indien liegen nun auf seinem Couchtisch. Sein Leben ist lebendiger. Er ist interessierter, nimmt mehr Anteil; seine Stimmung hat an Heiterkeit gewonnen, zumindest fühlt er das in seinem Inneren. Im Oktober startet der neue Job. Ein Lächeln.

Tipp

Wie lässt sich das Bild über Gert Simon und Mine zusammenfassen?

Literatur

Hinse L (2018) Ausstellung Glaskreuze. Heidelberg. www.ludgerhinse.de

10

Eine wertvolle Begleitung – Die Arbeit eines IPC® Consultants

Eine IPC®-Consultant ist nicht ein Berater im eigentlichen Sinne und auch kein Coach im klassischen Sinne. Ein Sportcoach achtet auf die physische und psychische Form seines Schützlings für die erfolgreiche Zielerreichung. Ein ICH-KULTUR®-Coach entwickelt zusammen mit seinem Klienten die jeweiligen Strategien für FührungsKRAFT, Orientierung und Konflikthandling mit Kommunikation seines Klienten oder eben nur dessen ICH-KULTUR®. Immer stehen die Ziele seines Klienten im Vordergrund, nicht wie im Teamsport das Ziel des Teams. Manchmal ist der Teamgedanke im Vordergrund, doch zumeist spürt ein IPC®-Consultant der gesundheitsorientierten Sinnerfüllung des jeweiligen Klienten nach, innerhalb dessen privaten und beruflichen Systems. Ein IPC®-Consultant ist ein erfahrener Lebenslernender, psychologisch gebildet, ein menschenliebender Pädagoge durch und durch, geduldiger Geburtshelfer für die Entwicklung von Ideen und die nachhaltige Gestaltung von Strategien, immer ein Sparringspartner.

Die beiden Interviewpartner in diesem Buch machten sich nach schweren Schicksalseinflüssen auf den Weg, ihren Weg. Kurz durfte ich dabei Begleiter sein. Für diese Erfahrung bin ich dankbar. Ängste wurden überwunden, Konflikte ausgemerzt und passende Strategien gemeinsam entwickelt oder aufgrund von Impulsen durch die neutrale Position der Coachingbegleitung umgesetzt.

© Springer Fachmedien Wiesbaden GmbH, ein Teil von Springer Nature 2019
J. Malzacher, *Mut in der Arbeitswelt durch ICH-KULTUR*,
https://doi.org/10.1007/978-3-658-24809-3_10

10.1 Wie lässt sich das Bild über Gert Simon und Mine zusammenfassen – Die Perspektive eines IPC®-Consultants

Einsicht, Umsicht, Weitsicht zeigen sich bei Gert Simon zart und doch unübersehbar. Von seinem Coach erhielt Gert Simon in der Vergangenheit kleine, effektive Übungen, die ihm halfen, sich zu ordnen, neu aufzustellen und sogar im Bewerbungsgespräch zu punkten. Sehr langsam findet er nun wieder Tritt, initiiert proaktiv Veränderungen. Sein Blick auf sein Leben weitet sich allmählich, sodass er schließlich sogar für Mine ein beitragender Gesprächspartner wird.

Mine hat auf ihrem bisherigen Veränderungsweg einige Einsichten gewonnen, die zunächst ihre berufliche Situation betreffen. Es wird immer klarer, dass sie kein echtes Zufriedenheitsgefühl spüren kann, wenn sie, in negative Gedanken verstrickt, ihren Fokus auf Negatives ausrichtet, statt die guten Dinge in ihrem Leben mit Dankbarkeit zu belegen. Zarte Ansätze der Wertschätzung ihres Erreichten, vor allem im Privaten, zeigen sich jedoch auch für sie. Die überraschende Einsicht, dass sie ihren Bruder als Familienmitglied ignoriert hat und ihren Mann ebenfalls ohne Lust auf Erklärungen verlassen hat, wird ihr helfen, auf ihrem weiteren Weg mit ihrem Inneren ins Reine zu kommen; vorausgesetzt, sie möchte dies angehen. Inzwischen hat sich ein neues Schicksalsereignis in ihr Leben geschlichen. Man möchte ihre Firma übernehmen. Durch das für Mine ungewohnte Verhalten des Roboteranbieters und dessen Begehren an ihrer Firma wird sie zu einem ausschlaggebenden Perspektivenwechsel gezwungen. Es wird sich zeigen, wie sie damit umgeht. Gelingt es ihr, neue Wege einzuschlagen, um ihrem Leben mehr Lebendigkeit und tieferen Sinn zu verleihen oder wird sie lieber verharren und, wie in langen Jahren zuvor, eingefahrene Wege gehen, in der Annahme, eine von der Familie auferlegte Pflicht auszufüllen. Erst als sie durch die vielen Fehler der Mitarbeiter einen Leidensdruck entwickelt hat, erscheint ein Mensch, durch den sie behutsam aufgerüttelt wird, der „interessante Herr". Sein Verhalten und seine Anliegen fordern sie heraus. Schließlich erfährt Mine eine drastische Intervention durch äußere Faktoren. Sie erhält Entscheidungsmöglichkeiten. Wie sie mit ihnen umgeht, werden wir später erfahren.

Gert Simon und Mine konnten beide noch wenig Weitsicht entwickeln; kein Wunder, denn diese erfordert zunächst Einsichten. Einsichten entstehen am einfachsten, wenn man sich wohlgesinnt mit sich selbst befasst und seine ICH-KULTUR® untersucht. Gert Simon und Mine könnten gleichermaßen erkennen und verstehen welche Schicksalseinflüsse für ihre eigene Entwicklung und Geisteshaltungen besonders ausschlaggebend sind. Sie können erkennen, wie ihr Temperament und bestimmte Verhaltens-vorlieben sie manchmal in unliebsame Konfrontation bringen oder ihnen Vorteile verschaffen. Wenn sie sich intensiver mit ihrer ICH-KULTUR® befassten, könnten sie eventuell erkennen, dass sie sich möglicherweise berufliche Tätigkeiten aussuchten, die nicht mit ihrer Berufung und ihrem Lebenssinn vereinbar sind. Indem sie sich mit multiplen Intelligenzen befassen, könnten sie in sich Potenziale entdecken, und sie könnten ihre sozialen Bedürfnisse erkennen und passende Wegbegleiter und Freunde in ihr Leben einladen. Sie könnten Vielfalt in ihr Leben lassen, statt in Gleich-förmigkeit zu verharren. Denkbar, dass sie durch vielfältige Begegnungen eine reichere, anregende und lebendige Zeit hätten. Dabei könnten sie ler-nen, Diskussionen mit Andersdenkenden auszutragen, ohne sich dabei in Versagensangst zurückzuziehen. Sie könnten Verhaltensweisen angleichen, ablegen und neue erlernen. Buntheit bringt dem menschlichen Auge mehr Eindruck, es verlangt genaueres Hinsehen, um mit dem Eindruck fertig zu werden. Unbuntes kommt als einförmiges Grau daher. Kein Wunder, dass Gert Simon die Bilder des bunten Indien kommen. Unbewusst sehnt er sich nach Anregung. Mut, sich diesen Wunsch zu verwirklichen hat er noch nicht genügend, wohl aber hat er einen neuen Pfad betreten, der ihn mit Neuem in Verbindung bringt. Sein Interesse an der Qigong-Gruppe im Park und sein Mut mitzumachen, zeigen einen zarten Beginn einer neuen Richtung. Mine liebt Farben, dies zeigt sich in ihrer Kleiderwahl. Ihre muti-gen Veränderungsschritte sind anzuerkennen. Neuerdings sieht sie sich einer unerwartet größeren Herausforderung gegenüber. Ihre berufliche Tätigkeit liegt plötzlich in der Waagschale. Was liegt in der anderen? Gibt es Alter-nativen für ihr jetziges Leben? Spannend bleibt, wie und ob sie sich ent-schließen wird, Mitarbeiter durch Roboter zu ersetzen. Darüber hinaus ist ein kritischer Pivot, wie sie mit dem Angebot des „interessanten" Herrn umgehen wird.

Wir können neu entwerfen, wie wir sein möchten. Wer schaut und erkennt, kann verstehen. Wer erkennt und weiterschaut, kann Visio-nen entwickeln, und wer Visionen entwickelt kann versuchen, sie krea-tiv umzusetzen. Wer seine Visionen umsetzen möchte, braucht Umsicht und Rücksicht und von anderen Menschen Nachsicht. Indem sie ihre Kommunikationsgewohnheiten überprüfen, ihre Wahlmöglichkeiten bei Entscheidungen annehmen, ihrer Verantwortung als Teil unserer Gesell-schaft bewusst sind, werden Gert Simon und Mine einen mächtigen

Entwicklungsschritt machen können. Dieser benötigt authentische Kommunikation als Teil einer bewussten ICH-KULTUR®. Wie Weitsicht mit Rücksicht und Nachsicht gepaart die Richtung bestimmt, lesen Sie im Folgebuch.

10.2 Die Arbeit des IPC®-Consultants

IPC®-Consulting ist kein Nachhilfeunterricht, auch kein geistiges Zurechtbiegen von Menschen. Führungskräfte, die führen möchten, müssen wissen, wen sie führen und wie. Wenn sie nicht „nur vorgesetzt" sind, haben sie Verantwortung nicht nur für die fachliche Ausführung der Arbeiten, sondern heute auch für das gesundheitsfördernde Führen. Indem sich Menschen mit ihrer ICH-KULTUR® befassen, lernen sie, genau hinzusehen, zunächst bei sich und dann bei anderen.

Wer bei der Arbeit unsicher ist, sollte sich fragen woher die Unsicherheit kommt. Als IPC®-Consultants arbeiten wir nicht in esoterischen Gefilden, kreiden nicht dem Einfluss irgendwelcher außerirdischer Mächte unser Unvermögen an. Vielmehr betrachten wir Chancen für die aktive Weiterentwicklung und die Bedürfnisse unseres Klienten, dessen typischen Verhaltensweisen und seine Systeme. So gut es passt, nutzen wir Elemente aus der Natur, um unseren Klienten diese wertvolle Ressource nahezubringen. Der Klient kommt mit einem, nach einer bestimmten Vorgehensweise formulierten, Anliegen und gibt seinem Thema einen Titel. Darauf unterschreibt er einen Vertrag mit sich selbst und dem IPC®-Consultant. In Abstimmung vereinbaren wir eine ungefähre flexible Zeitspanne der Zusammenarbeit und ein Budget. Einer Diagnosephase folgen die Lösungsfindungsphase, ein flexibler Strategieentwurf und danach eine Umsetzungsphase. Wir nutzen unterschiedliche Fragetechniken. Fragen als wichtigstes Kommunikationsinstrument zwingen den Klienten in seine Beantwortung und Verantwortung. Gemeinsam gehen wir auf eine Entdeckungsreise in die ICH-KULTUR® unseres Klienten. Dabei eruieren wir mögliche Stressoren, arbeiten an Denk-, Arbeits- und Kommunikationsstilen, betrachten die „Stakeholder" im System. Dies sind Menschen, die eine wichtige Funktion und Einfluss auf die Umgebung unseres Klienten haben. Wir benutzen viele hilfreiche Tools, treffen uns im Coachingzimmer und an besonders ausgesuchten Orten, machen uns die Natur als Inspirator und Entspannungshilfe extensiv zunutze. Jeder Klient braucht Unterschiedliches, denn er ist einzigartig. Wenn er sich einlassen kann, wird er zunächst Unerkanntes über sich selbst lernen, indem er in seinen Spiegel schaut.

Menschen wie Gert Simon suchen Orientierung. IPC®-Consultants sind keine Berufsberater, doch, indem sie die ICH-KULTUR® des Klienten zusammen mit ihm eruieren, helfen sie ihm, zu erkennen, wofür er brennen könnte; auch für welche Menschen. Menschen brauchen Menschen, eine uralte Erkenntnis, die sich heute, in Zeiten digitaler Errungenschaften und KI immer wieder bestätigt. Das eine wird nicht durch das andere ersetzt. IPC®-Coaches sind Menschen, die professionell begleiten, mit Kompetenz und Struktur. Sie bemühen sich um Einsicht – Umsicht – Weitsicht für den Klienten. Wir erstellen Visionsbilder (Maxalive Blog 2017). Stärken und Schwächen sind nicht einfach so darstellbar, denn leider werden beide in der Berufswelt durch eine Defizitbrille betrachtet. Viele Schwächen sind gleichzeitig auch Stärken. Es kommt darauf an, welche Weltsicht und Lebenseinstellung der Klient hat, mit welcher Haltung und aufgrund welcher Werte er sein Leben organisiert. Wie Schicksalseinflüsse sich auf Werte und eine Selbstwirksamkeitsüberzeugung auswirken können, betrachten wir ebenso wie alltägliche Stressoren und Möglichkeiten der Erleichterung von emotionalem Stress und Druck durch einzelne Mitmenschen. Wir arbeiten mit Begriffen wir Identität, Authentizität, Identifikation mit dem Unternehmen und Loyalität. Oft bauen wir ein Wertegebäude mit dem Klienten (Malzacher 2007), indem wir Holzbauklötze beschriften und auf den Schreibtisch stellen, für alle sichtbar (vgl. Abb. 4.1). Damit zeigt ein Vorgesetzter mutig, dass er es ernst meint mit seinen Werten. Selbstverständlich gleichen wir diese ab mit dem Leitbild der Organisation. Durch den intensiven Umgang mit seinem Inneren, seinen Gedanken und Gefühlen gelingt es vielen Klienten, endlich zuversichtlich zu sich selbst zu stehen und ihre Werte konsequent zu leben.

Manchmal erkennen wir, dass es in einer Organisation keine klare Linie gibt bezüglich der Kanäle oder auf welche Kommunikationsart Nachrichten verteilt werden. Manchmal wird Etikette im täglichen Umgang nicht gelebt. Manchmal fehlt Etikette für ein feines und gesundes Miteinander gänzlich. Manchmal gibt es keine E-Mail-Etikette im Unternehmen. Sollte Meeting-Etikette fehlen, sitzen möglicherweise viele Mitarbeiter in einem Meeting durch Ineffektivität Zeit ab. Gleichzeitig haben Homeofficearbeitende das Manko, dass sie ihre Kollegen zu selten treffen und den wertvollen Austausch in persona vermissen. Hierzu gehört auch das Gefühl der menschlichen Rückmeldung inklusive des Einflusses aller Sinne. Videomeetings und Webinars entbehren solchen Sinneneinflüssen durch die fehlende Drei-Dimensionalität, nein Vier-Dimensionalität, den Einbezug aller Sinne (sehen, hören, fühlen, riechen, tasten). Wer sich nicht gut genug kennt, könnte beim Gegenüber so manche olfaktorische Besonderheit verpassen (z. B. starkes oder spezielles Eau de Toilette, die für manche Menschen wahrnehmbare Message seines natürlichen Körpergeruchs) und damit wichtige Information über den anderen. Wir wissen heute, dass Menschen sich angezogen oder abgestoßen fühlen von anderen, nur wegen dieser olfaktorischen Aspekte. Wie in Mines Fall oben, könnten Irritationen passieren, die nachdenken lassen. In Videobotschaften kommen Menschen leicht als ausführendes Werkzeug herüber, statt als Mensch. Manchmal beraten wir mit dem Klienten, was er selbst tun könnte, um „trotz" globaler digitaler Vernetzung menschlich zufriedenstellend in Kontakt zu sein. Manche Menschen treten durch ihre unbewusst harte oder für sein Gegenüber zu weiche Kommunikation anderen auf die Füße oder werden nicht ernst genommen. Sie können üben, auf verträglichere oder herausforderndere Art zu kommunizieren, auch in einer Fremdsprache. Spezifisch landeskulturelle Fakten spielen für Kenntnis der jeweiligen Etikette und den Umgang mit dem Unbekannten eine besondere Rolle. Interkulturelle Informationen und Umgangsmöglichkeiten stecken im ELAN-Kleeblatt der Kommunikation sowie im ELAN-HAND-Modell (Malzacher 2007), welche in Kap. 6 erklärt wurden.

In unseren Seminaren und Coachings bei ELAN*project* und MaxAlive üben wir Mut, Zuversicht und Rücksicht. Im DIALOG nach David Bohm, einem speziellen Format für tolerantes, urteilsfreies Zuhören und das Erkennen unterschiedlicher Sichtweisen unterstützten wir einen sicheren Rahmen, die Teilnehmer verpflichten sich zur Umsicht. Sicherheit ist wichtig, damit sich der Mensch entfalten kann. Neben den Geschenken, die uns die Natur offeriert, setzen wir bildende Kunst, Literatur und Musik ein als Verstärker zur Inspiration ein und als wirksame Instrumente für den Perspektivenwechsel. Wenn ein Klient in Sorgen und emotionalen Stress verstrickt ist, bedienen wir uns Elementen aus der Grief Recovery Method®, die ihrerseits gängige Tools aus der Psychologie einsetzt.

IPC®-Consultants beraten, lehren und coachen, je nach Auftrag durch den Kunden. Durch ihre Zusatzqualifizierung lernen IPC®-Consultants als Führungskräfte aller Bereiche, als Personaler, erfahrene Berater, Coaches und Pädagogen viel über Interkulturelles. Inwiefern es heute noch stimmig ist, sich in einer globalisierten und digitalisierenden Welt auf landesspezifischen Stereotypen zu verlassen, diskutieren wir. Ein IPC®-Consultant kann mit Diversity umgehen. Als Unterzeichner der Charta der Vielfalt legen wir in der Weiterbildung Wert auf unsere Verantwortung für „Diversity", das heißt eine gelingende Integration neuer Mitarbeiter im Unternehmen und Neuankömmlingen in der Gesellschaft. IPC®-Consultants setzen sich kontinuierlich mit technologischen Neuerungen und Diversity auseinander. Dabei sind sie überzeugt, dass die Zukunft dem Menschlichen gehört. Sie legen größten Wert auf reibungslose, transparente, gewaltfreie und menschenfreundliche Kommunikation.

Als IPC®-Consultant lernen wir eine Menge durch unsere Klienten. An manchen Tagen mit schwierigen Themen meiner Kunden fühle ich mich durch die Arbeit mit ihnen beschenkt durch neue Perspektiven. Manchmal verhilft mir dies zu Antworten für meine persönlichen Fragen. IPC®-Consultant ist für mich ein Traumjob, bei dem ich autonom agieren darf, Analyse mit kreativer Strategiefindung und Umsetzung verbinden kann, weniger Schönes der Themen meiner Klienten durch Schönes ergänze, damit Zuversicht eine Chance bekomme. Gleichzeitig trage ich zu meiner eigenen Fortentwicklung und Entfaltung bei. Sinnerfüllung gepaart mit Forscherdrang und Durchhaltevermögen ist für mich der Eckstein einer wertvollen Tätigkeit meines Menschenlebens. Ich bin dankbar und glücklich, dass ich so arbeiten darf. Mit meiner, auf den Realitäten meiner Klienten basierenden Arbeit, strebe ich meine Vision für ein sinnerfülltes Leben an. Diese ist nicht mehr aber auch nicht weniger als der Beitrag zum Gelingen des Gesamten.

Literatur

Malzacher J (2007) trainings- und Coachings. ELANproject GmbH, Obersulm
MaxAlive Blog (Hrsg) (2017) www.maxalive.de/veraenderung-akzeptieren/. Zugegriffen: 12. Okt. 2018

Printed in the United States
By Bookmasters